Joseph von Sonnenfels

Betrachtungen eines österreichischen Staatsbürgers an seinen Freund

Joseph von Sonnenfels

Betrachtungen eines österreichischen Staatsbürgers an seinen Freund

ISBN/EAN: 9783743406940

Hergestellt in Europa, USA, Kanada, Australien, Japan

Cover: Foto ©ninafisch / pixelio.de

Weitere Bücher finden Sie auf **www.hansebooks.com**

Betrachtungen

eines

österreichischen Staatsbürgers

an seinen Freund.

Veranlaßt

durch das Schreiben des Hrn. v. M**

an

Hrn. Abbé Sabatier

über die

französische Republik.

— — — Non defensoribus istis.
Virgilius.

Wien,
mit von Kurzbekischen Schriften
1793.

Dieser Aufsatz, wozu ich von einem verehrungswürdigen Freunde dringend aufgefordert ward, sollte anfangs nur ein etwas mehr entwickeltes Urtheil über das m....sche Schreiben enthalten, und sich auf einen Brief beschränken. Aber, wie sich Gedanken im Vorschritte an Gedanken reihten, wuchs er unter der Hand so sehr an, daß ich, nach meiner Absicht, schicklicher fand, den Stoff unterzutheilen, und, anstatt eines Briefes die Ueberschrift: Betrachtungen: zu wählen.

Dieses erste Stück war noch während der Zeit vollendet, als man hoffte: ein ganzes Volk würde nicht einer Blutdürstenden Partey erlauben, seinen Namen durch einen

)(Kö=

Königsmord zum ewigen Scheusale der Menschheit zu machen. Aber, von bewaffneten Soldknechten geschreckt und unterjocht, hat es Ludwigen hinrichten lassen. Seine bey Vollstreckung dieser Lasterthat bezeugte Zaghaftigkeit macht es immer zum Mitschuldigen der mordenden Rotte, die würdig war, den feigen Meuchelmörder Egalite an der Spitze zu haben. Indessen glaubte ich die Stelle: Seite 56. 57, welche den Wunsch aller fühlenden Herzen für das Leben Ludwigs ausdrücket, unverändert lassen zu können, ohne dadurch die Theilnehmung und Empfindung der Leser bey dem beweinenswürdigen Ende dieses sanften Fürsten zu schwächen.

Sonnenfels.

Ich bin nicht gewohnt, würdiger — — — mit der Freundschaft zu berechnen: aber wenigstens konnten Sie meine Ergebenheit gegen Sie kaum zu einem stärkeren Beweise auffordern, als daß ich meine Meinung über das Schreiben des Herrn v. M* a) öffentlich sagen soll. Ich habe mir bis jetzt tiefes Stillschweigen über die traurigen Ereignungen der Zeit auferleget. Sie haben meine Gründe oft bestritten, nie entkräftet, und was mir mehr galt, nie gemißbilliget. Ein Stein, hingeworfen gegen den Ungestüm eines reissenden Stromes, wird höch-

---

a) Das ganze Schreiben ist ein Heftchen 46 Seiten in 8vo stark, von welchem die Borerinnerung und Anmerkungen, womit Abbé Sabatier das Schreiben begleitet, ungefähr die Hälfte betragen.

A

höchstens das kaum wahrgenommene Bäumen einer darüber hinstürzenden Welle veranlassen, und sogleich von dem Schwalle bedecket, oder fortgerissen werden. Ich rufe Ihnen dieses Bild der Ohnmacht einzelner Schriftsteller gegen den Schwall der allgemeinen Meinung, wozu die Franzosen nichts unversucht lassen, die Ihrige zu erheben, ich rufe Ihnen dieses Bild, das Sie sich nicht entbrechen konnten; so wahr und treffend zu finden, nicht in der Absicht zurück, um mich noch ferner desselben zu einer Entschuldigung gegen ihr freundschaftliches Anbringen zu gebrauchen, sondern vorläufig dadurch meine Ueberstimmung mit Herrn v. M** über den Punkt zu zeigen, daß die Regierungen bisher zu sehr auf kleinliche Polizey-Behutsamkeiten, oder den Erfolg der physischen Gewalt, durch welche keine Meinung abgehalten, oder ausgerottet wird, gebauet, und darüber das wirksamere Mittel verabsäumet haben, welches, wie M** sich ausdrückt, die Vertheidigung mit dem Angriffe in Verhältniß gesetzt haben würde: a) das Mittel, sagt er, mit gleichen Waffen zu kämpfen, sich derselben

zur

---

a) Seite 23.

zur Widerlegung der Irrthümer zu gebrauchen, die Wahrheit in ihrem vollen Glanze darzustellen, und in dieser Absicht Schriftsteller zu ermuntern, welche die Vertretung der besseren Sache zu übernehmen, Nationen über ihre wahreren Vortheile aufzuklären, zu unterrichten, die Fähigkeit besitzen. a). Als bey den ersten gewaltsamen Verfügungen gegen die königl. Gewalt ein Mitglied der Nationalversammlung die Frage aufwarf: Mit welchen Augen auswärtige Mächte diese Neuerungen von so gefährlichem Beyspiele betrachten würden? rief Clodius Mirabeau b) mit Hitze auf: Mein Kopf ist ebenfalls eine Macht. Hochmuth und Schmeicheley, die mit dem Begriffe einer Macht bisher ausschliessend das traurige Vorrecht, an der Spitze zahlreicher Heere, Welttheile zu veröden,

---

a) Seite 32.
b) P. Clodius war von einem der ältesten patrizischen Geschlechter in Rom, ging aber, um seinen ehrgeizigen Plan und seine Rache gegen Cicero durchzusetzen, zu den Plebejern über, wie Graf Mirabeau aus gleichen Absichten, ein Ueberläufer ward, als es ihm mißlungen hatte, sich, wornach er so rastlos strebte, in das Ministerium einzudringen.

oben, und Nationen von der Erde verschwinden zu machen, verbunden hatten, sahen in diesem Ausrufe nur Vermessenheit und beleidigende Zuversicht eines geblähten Schriftstellers. Warum faßte man nicht vielmehr zu der Fürsten und Völker Beßtem die darin liegende Warnung auf, diese Macht einer neuen Art nicht gering zu schätzen? Warum benützte man nicht vielmehr den darin liegenden Wink, mit dieser Macht, der die Vorschritte des Verstandes und der nur zu häufige Mißbrauch der unbeschränkten Gewalt ein solches Uebergewicht gegeben haben, in Verbindung zu treten? Aber vergebens wiederholt wohlmeinende Freymüthigkeit: Daß die öffentliche Meinung ihre unwiderstehliche Herrschaft über Throne und Thronbesitzer behaupte: und das Zepter der öffentlichen Meinung den Händen berühmter Schriftsteller übergeben sey. Die Erinnerung wird sorglos überhört, oder mit Verachtung abgewiesen: und so unerklärbar widersprechend ist das Benehmen der meisten Regierungen, in diesem dringenden, entscheidenden Augenblicke, über einen Punkt von solcher Wichtigkeit, daß, indessen durch die Umstände aufgenöthigte, aber ängstliche Verbote von der einen

Sei-

Seite den mächtigen Einfluß der Schriftsteller auf den Geist der Nationen anerkennen, und gestehen; auf der anderen Seite man es unter der Würde der öffentlichen Verwaltung zu halten, scheint, diesen Einfluß zum Schutze der Staaten zu Hilfe zu rufen, und den Wissenschaften für die Zerstiebung der Blendwerke, womit Nationen getäuschet werden, für die Erhaltung der gesellschaftlichen Ordnung, für die Erhaltung oder Herstellung der allgemeinen Ruhe — für die Erhaltung der Throne, auf welchen Trajane und Marc=Aurele die Welt beglücken können, verpflichtet zu seyn. Gestehen wir es: nie war ein Hochmuth mehr zur Unzeit in das Spiel gebracht. Wenn die Wunde des Telephus a) allen Mitteln trotzet, so befiehlt ihm das Orakel von Delphi, die sichere Genesung selbst bey der

Lau-

a) Bey dem Zuge gegen Troja fielen die Griechen in Mysien ein. Telephus, der König des Landes widersetzte sich denselben, und ward von Patroklus mit der Lanze des Achylles verwundet. Die Wunde schien unheilbar: aber das Orakel wies ihn an, seine Zuflucht zu demjenigen zu nehmen, der ihn verwundet hatte. Telephus gehorchte: und Patroklus machte von dem Roste der Lanze ein Pflaster, wodurch Telephus bald geheilet wurde.

Lanze des Achylles zu suchen, von der ihm die tödtliche Wunde kam.

Gestehen wir uns jedoch mit gleicher Offenheit: das Betragen der Schriftsteller war auch nichts weniger als so beschaffen, um den Regierungen Zutrauen gegen sie einzuflössen. Ich habe bey dieser Bemerkung nicht eben diejenigen im Gesichte, welche, anstatt sich zwischen gemißbrauchte Gewalt und empörende Zügellosigkeit zu stellen, und durch sanfte, wohlthätige Wärme der Belehrung, das Sprossen und Gedeihen des Erkenntnisses der wechselseitigen Rechte und Pflichten zu befördern, vielmehr durch ungemäßigte Hitze, gleich dem Sirius, selbst die ersten Keime der gesellschaftlichen Ordnung niederbrannten. Ich spreche von denjenigen nicht, deren zaghafte Zweydeutigkeit den gegründeten Argwohn der Absicht in Hinterhalt erregen mußte, daß sie nur darum auf keine Seite entscheidend überschlagen, um es mit keinem Theile aufzugeben, und nach dem Ausgange der grossen Fehde, ohne Ueberläufer zu heissen, auf die Seite der siegenden Partey treten zu können. Noch weniger spreche ich von den elenden Geschöpfen ohne Karakter, wie ohne Grundſätze, deren die Wiſſenſchaften ſich ſchämen, die für ſo viel gedungen, heute ſelbſt die Unterdrückung vergöttern; gegen erhöhten Sold erbietig, morgen eben ſo laut Empörung zu predigen; von dieſen verächtlichen Miethlingen, und dafür erkannt, unter deren Hand die Kraft der überzeugenbeſten Gründe ſchwindet, deren unreiner Hauch die Reinigkeit der Wahrheit ſelbſt zu trüben, und ſolche als Irrthum verdächtig zu machen, fähig iſt. Ich ſpreche von ſolchen, welche die Sache der Ordnung aus innerer Ueberzeugung vertreten, und die Ehre der Vernunft und ihres Jahrhundertes, und das Glück der Welt zu retten glauben, wenn ſie die ausſchweifenden Meinungen bekämpfen, deren Ueberhandnehmung die Menſchheit in den Stand der erſten Wildheit zurück ſtoſſen würde. Ich ſpreche von denen, welchen ſogar perſönliche Umſtände und Verhältniſſe die groſſen Angelegenheiten näher legen; deren Schriften von dem Zwecke, ſich einen Namen, einen Stand, beynahe ein bürgerliches Daſeyn zu erhalten, Bewegung, Nachdruck, Seele empfangen; welche ſelbſt von dem Krafttriebe, ſich wegen der an ihnen verübten Grauſamkeiten zu rächen, entflammet werden ſollten. Einen oder anderen Schriftsteller ausgenommen, die sich würdig gezeiget haben, daß die bestürzte Menschheit in ihrem Schoße Zuflucht suchte, — aber nur einen oder anderen ausgenommen, — wie unverbunden, unschliessend, unerschöpfend, wie ohne alle Antheilnehmung, lässig, kalt geschrieben — und daher auch, wie mit geringem Antheile gelesen, wie schwach auf Verstand, und wie ungleich schwächer auf Herz und Willen wirkend, ist sonst das meiste, was den Aposteln und Verfechtern der Revolution entgegen gesetzet wird, deren Schriften und Reden, gleich ausbrechenden Vulkanen, Flammen sprühen, durch ihre Heftigkeit die Einbildung hinreissen, durch ihre Kühnheit den Verstand in Erstaunen setzen, und gleichsam unterjochen; und unter denen die mässigsten, immer noch die Falschheit der angewandten Gründe durch allen Zauber der Rednerkünste zu bemänteln, oder dadurch den Abgang der Gründe zu ersetzen suchen; sämmtlich aber in den Ohren der Nationen das hohe Schallwort von **Volks = Souveränität** laut wiederhallen machen, und ungewarnten einzelnen Menschen die liebkosende Aussicht einer mißgekannten Freyheit, einer geträumten Gleichheit anbieten..

Ver=

Vergleichen Sie mit diesen Geburten titanischer Wuth und Absichten den größten Theil der Schriften von der anderen Seite: und, um nicht erst Beweise von Ferne zu holen, zugleich auch auf unseren Gegenstand überzugehen, nehmen Sie mit mir dieses Schreiben des Herrn v. M** und die Zusätze seines Scholiasten zur Hand.

Es kann den Ruhm eines französischen Schriftstellers nicht verringern, wenn er uns Deutschen bis zur Erscheinung des gegenwärtigen Schreibens größtentheils unbekannt war. Der Verlust ist ohne Zweifel einzig auf unserer Seite. Aber der Lobspruch, den der Verfasser der drey Jahrhunderte der französischen Literatur dem Hrn. v. M** ertheilet, und selbst die Stelle, welche Abbe Sabatier aus den Denkwürdigkeiten der Pfalzgräfinn Anna von Gonzaga a) einrücket, bestätigen mich

in

―――――――――――
a) Herr Abbe Sabatier de Castres hat über die französische Literatur ein Werk unter der oben stehenden Benennung geschrieben, dessen Bekanntmachung für ihn viele unangenehme Folgen hatte. Es würde grausam seyn, ihm das Andenken derselben zu erneuern; und es war nicht allerdings überdacht von ihm gehandelt, daß er hierzu

in dem gleich Anfangs gefaßten Gedanken, daß ein Schriftsteller von solchem Verdienste, da er die Fragen seines Freundes beantwortete, sich dessen wohl nicht versah, eine vertrauliche Antwort gedrukt zu lesen. Hätte er dieses vermuthen, hätte er es besorgen können — hätte er, anstatt eines nachsichtsvollen, günstig voreingenommenen Lesers, sich das ganze lesende Europa, die strenge Beurtheilung der Denker, hätte er sich die Möglichkeit von Gegnern gedacht, Widerleger im Gesichte gehabt, unmöglich hätte er sich begnügen wollen, über Gegenstände von solcher Erheblichkeit so leicht, so flüchtig; soll ich mir zu einer Nazional-Wiedervergeltung a) zu sagen erlauben? so französisch hinzugleiten; besonders, wenn

die

durch eine Anmerkung auf der 29. Seite selbst Anlaß gegeben haben möchte.

a) Man weiß es, mit welcher unziemlichen Geringschätzung die Franzosen in Schriften und Gesprächen insgemein von den Deutschen, von deutschen Sitten, Verstand, Umgang, Geschmack, von allem, was unter deutschem Himmel gedeiht, sich auszudrücken, gewohnt sind: tudesque, germanique, allemand ist ihnen stets gleichbedeutend mit plump, schwerfällig, unpolizirt. Die Zeit ist gekommen, wo Vandal, Barbar, Cannibal die verdienteren Bezeichnungen eines Franzosen seyn werden.

die Erwartung auf einen so hohen Grad gespannt werden sollte, als es durch die Verheissung geschieht, welche der Herausgeber dem Schreiben voraussendet.

Nach dieser gespannten Erwartung, und nach der methodischen Untertheilung a), durch welche Hr. v. M** zur Behandlung der an ihn gebrachten Fragen einleitet, verheisse ich mir eine Uebersicht der zusammentreffenden Ursachen, welche Frankreich zu den Unordnungen und Gräueln, worunter es seufzet, gleich einem siechen Körper, der den Keim des Todes von lange her in sich trägt, vorbereitet — der Umstände, der Ereignungen, der Fehler der inneren und äusseren Politik, welche das Uebel geheget, vergrössert, entwickelt — der Veranlassungen, welche endlich seinen Ausbruch zunächst herbeygeführet — der geraden und offenen Mittel, wie der verabscheuungswürdigen geheimen Triebwerke, welche das Umsichgreifen desselben bis zu dieser Unheilbarkeit, zu dieser, wie wenigstens M** dafür hält, Europen bedrohenden Gefahr einer pestähnlichen Ansteckung befördert haben. Ich

a) S. 11.

Ich erwarte dann, daß der Beobachter Gleichheit oder Aehnlichkeit der Umstände in anderen Staaten aufsuchen, daß er die vorhin begangenen und noch fortgesetzten Fehler mancher Verwaltungen,— ihre Sorglosigkeit, sich die Warnungen, welche ihnen die gewisser Maßen unter ihren Augen vorgehenden Ereignungen geben sollten, zu Nutzen machen; oder ihre Zuversicht, ihre Hartnäckigkeit, diesen Warnungen zu trotzen, und noch weiter Vorurtheile in Schutz zu nehmen, Grundsätze, oder Verfassungen verewigen zu wollen, worüber die vorgerückte Vernunft und Zeit das Urtheil der Verdammung ausgesprochen haben — daß er dieses, und die hier und dort sich offenbarende bedenkliche Stimmung als so viele Anzeichen betrachten, und daraus, nachdem er solche mehr oder minder wahrnimmt, bey anderen Völkerschaften auf grössere oder kleinere Empfänglichkeit für das schreckbare Uebel der französischen Staatenseuche schliessen wird.

Die Aufschrift des Schreibens und die Verheissung des Herausgebers berechtigen zu noch anderen Forderungen. Hyppokrat, als er den Archonten von Attika seine Kunst gegen die Verheerungen der

Pest

Pest anbot, begnügte sich nicht, daß er ihnen sagte: Die Krankheit ist tödtlich und ansteckend. Das sahen, das empfanden sie; aber er gab Bewahrungsvorschriften, um der Ansteckung Gränzen zu setzen, aber er ordnete Heilmittel an, um die Angesteckten, wo noch möglich, zu retten. Ein politischer Hyppokrat, der ankündiget: Daß er die ansteckende Wirkung des republikanischen Fanatismus behandelt, sollte, däucht mich, der Warnung gegen die Krankheit ebenfalls die Heilmittel, sich dagegen zu verwahren, oder solche zu heben, zugleich mit anzeigen. Hat M** diese Forderungen befriediget?

Ich lese, und überlese von Seite 11. bis 32., worin die Beantwortung der ersten Frage eingeschlossen ist: und, da ich mir Rechenschaft von dem Unterrichte geben will, den ich daraus geschöpfet habe, bin ich bemüssiget zu gestehen, daß ich zwar im Einzelnen auf manche mit Freymüthigkeit gesagte Erinnerung, auf stark hervorragende Wahrheiten gestoßen, in der Hauptsache aber, mich auch nicht einen Schritt weiter vorgerückt finde.

Man

Man sagt mir: Daß Unwissenheit, Mangel an Einsicht und Wachsamkeit bey denjenigen, in deren Händen die Verwaltung lag a) Frankreich zu Grund gerichtet habe. Wem war dieses unbekannt? und welches noch so blühende Reich wird nicht, wie Frankreich, zu Grund gehen, wenn man von ihm, wie von diesem wird schreiben können: Indessen es an Männern von Geist und Fähigkeit nicht gebricht, sind Unfähigkeit, Trägheit, oder Zerstreuung die eigenen Kennzeichen derjenigen b), welche die Geschäfte verwalten. Ich lese: c) Daß der Mißbrauch des Ansehens, gehäufte Schulden, die Verschwendung des Staates, das Uebermaß der Abgaben die Ursachen einer Staatsänderung sind. Auch das ist wenigstens nicht eine Entdeckung, die erst noch zu machen war; so wenig als diese: Daß die Nothwendigkeit, aufgeklärte Minister und Staatsbeamte zu haben, für alle Staaten nie dringender, nie, die Leitung der Geschäfte bloßen Geleisköpfen (Routinier) d) zu überlassen, bedenklicher war, als in gegenwärtigen Augenblicken.

Ich

a) S. 23. b) S. 23. c) S. 28. d) S. 21.

Ich lese weiter: Daß die Gährung in politischen und Religionsgegenständen, ihrer Natur nach ansteckend a) ist. Die Mahomede und Luther und Cromwelle und die Häupter der Ligue haben dieses lange vor den Mariusen und Catilinen Frankreichs nur zu sehr gewußt, und benützt. Ich lese endlich, was ich schon oben angeführet habe: Daß, da die verderblichen Irrthümer unter den verschiedenen Volksklassen durch periodische (und andere) Schriften in Umlauf gebracht werden, der Vortheil aller Regierungen erheische, auf demselben Wege durch geschickte Federn Unterricht und Wahrheit zu verbreiten.

Ziehe ich alles dieses auf einen Satz zur Ausübung, und, wenn ich so sagen darf, auf eine praktische Vorschrift gegen die Ansteckung der Revolution zusammen, so wird er helffen: Fürsten! beherrschet eure Völker mit Güte, Weisheit und Gerechtigkeit; und um dieses zu können, entfernet Unfähigkeit, und Eigennutz, die das Volk unter keinem trügenden Außenwerke

a) S. 31.

ke mißkennet; und rufet an deren Statt Fähigkeit und Redlichkeit an eure Seite, welche die allgemeine Achtung euch stets unverkennbar bezeichnet. Die Wirkung dieser Vorschrift ist unfehlbar, ohne Zweifel: denn ein glückliches Volk ist auch stets ein ruhiges Volk; aber sie ist vor Jahrhunderten bereits gegeben worden, diese Vorschrift; und warum kann man die niederschlagende Betrachtung nicht unterdrücken, daß die Wiederholung derselben noch nach Jahrhunderten nicht überflüssig seyn wird?

Mein Urtheil soll eben so freymüthig über den zweyten Theil des Briefes seyn, wo Hr. v. M** den Blick in die Zukunft hinaus geworfen, und in die Untersuchung genommen hat: Ob der republikanische Fanatismus in Frankreich dauerhaft seyn kann? Wörtlich ist so die Frage a) hingestellt, die eigentlich, und wie sie in dem Verfolge behandelt wird, ausgedrückt seyn sollte: Ist die republikanische — und um noch genauer zu seyn — ist die demokratische Regierungsform Frankreich

a) S. 32.

reich angemessen? Auch hier hat die Fruchtbarkeit des Hrn. v, M** mehr als eine nützliche, treffende, vortrefflich gesagte Nebenbemerkung mitzunehmen, Anlaß gefunden. Aber etwas Eigenes in der Hauptsache zu geben, war auch nicht in seiner Gewalt, nach so zahlreichen Vorgängern, ich möchte sagen, von Herodot bis zu Rosseau, welche sich und den Gegenstand über der Untersuchung erschöpft haben: Ob grosse Staaten sich als Republiken erhalten können? Die verneinende Entscheidung ist durch allgemeine Uebereinstimmung und die bestätigenden Belege so vieler Staatsveränderungen beynahe zu einem unbestrittenen politischen Lehrsatze erwachsen. Die Folgerung indessen, welche aus diesem Satze abgeleitet wird, kann von der strengeren Logik keineswegs gutgeheissen werden.

Die Freyheit — ich nehme hier das Wort auf, wie es da steht, mit Vorbehalt, nach der Hand darauf wieder zurück zu kommen — die Freyheit kann nur der Antheil kleiner Gesellschaften seyn ꝛc. Folglich, schließt Hr. v. M**, wird sich der republikanische Fanatismus in Frankreich nicht erhalten — . — Folglich; scheint der Schluß natürtürlicher zur Hand zu liegen; wird Frankreich mit diesem allgemeinen republikanischen Fanatismus, sich in seiner gegenwärtigen, überwiegenden Größe nicht erhalten: Folglich, wird der grosse Staatskörper durch den republikanischen Fanatismus zerfallen, in mehrere kleinere Freystaaten aufgelöset werden: troß des feyerlichen Nationalbeschlusses, welcher die Untheilbarkeit Frankreichs als ein Staatsgrundgeseß dekretirt hat; für welchen aber die wilde Willkühr der demokratischen Anarchie eben so wenig Achtung und Folgsamkeit zeigen wird, als für die in Frankreichs Verfassung als wesentlich anerkannte Monarchie, als für die Freyheit der Presse, für die Sicherheit der Personen und des Eigenthums, die nicht weniger feyerlich, durch die Konstitution als unverbrüchliche Grundgeseße angenommen, nicht weniger feyerlich von der Nation beschworen, und — nicht weniger, sobald und so oft es die gräulichen Plane wüthender Demagogen fördern konnte, verletzet, mit der Konstitution selbst umgestürzet wurden.

Durch

Durch das, was ich bis jetzt gesagt habe, wäre also unserer französischen Broschüre ihr eigener Platz angewiesen. Sie wird nicht ohne Vergnügen, aber mit geringem Nutzen gelesen werden: ungefähr wie die leichten französischen Weine bey dem Genusse den Gaumen angenehm reizen, aber, wenn der Genuß vorüber ist, dem Geschmacke nichts zurück gelassen haben. Doch der Ernst des Gegenstandes schließt spielende Gleichnisse aus.

In einer schweren Krankheit, und die mit jedem Augenblicke mehr und mehr um sich greift, hat Arzney, die nicht nützet, schon geschadet. Wenigstens gewann das Uebel dabey mehr Raum, und dadurch mehr Bestand; wenigstens wurden wirkendere Mittel darüber bey Seite gesetzt: und wie leicht wird die Krankheit wohl gar als unheilbar verrufen? Meine Besorglichkeit kann ihnen übertrieben scheinen, und sie ist zuverlässig auch nicht bis auf gegenwärtiges Schreiben ausgedehnet. Aber im Allgemeinen wäre es eben nicht unmöglich, bey Menschen, die sich, um zu ihrem Zwecke zu gelangen, in der Wahl der Mittel niemals eckel gezeigt haben, daß die französischen Demagogen manche von den nichtsbedeutenden Blättern absichtlich selbst veranlaſſet hätten, um die einleuchtende Schwäche der Gründe, womit gegen sie gekämpfet wird, als einen Beweis anzuführen, daß man ihnen keine stärkeren entgegen zu stellen habe. So that einst Hannibal, als er nach überstiegenen Alpen seinem Heere durch das Schauspiel eines Kampfes Zuversicht gegen die römische Tapferkeit einflößen wollte. Die rüstigsten und muthvollsten aus den gefangenen Galliern traten in punischer Rüstung auf; die römischen Soldaten vorzustellen, wurden Schwächlinge ausgelesen a). Der Ausgang des Kampfes nach Hannibals Absicht, konnte nicht zweifelhaft seyn. Wenn die Regierungen in diesem Augenblicke es als eine der unentbehrlichsten Maßregeln ansehen, aller Wachsamkeit aufzubieten, um den freyen Umlauf solcher Blätter zu hindern, welche, täuschende Grundsätze unter das Volk zu bringen, zum Zwecke haben, wie kommt es, frage ich mich, daß sie so sorglos sich in Ansehung derjenigen Schriften bezeigen, welche durch Schwäche oder Oberflächlichkeit, zwar auf einem anderen Wege, aber eben dieselbe Gefahr her-

---

a) Livius Decad. III. L. I. c. 17.

herbeyführen? Die gerechteste Sache verliert, die beste wird übel durch üble Vertretung: und zwischen zwey Meinungen, die sich bekämpfen, hat derjenige, welcher mich von der seinigen nicht überzeuget, mich für die Meinung des Gegners gewonnen. Darum sollten so grosse Angelegenheiten viel eher gar nicht, als nur obenhin behandelt, und wie in wirklichen Kriegen, in diesem Kriege der Meinungen die Vertheidigung durchaus nicht schlaffen Händen anvertrauet werden.

Lassen Sie mich diese Vergleichung fortsetzen. Wie dann erst, wenn die Schutzwaffen nicht bloß ohne Nachdruck geführet, sondern dem unbehutsamen Gegner entwunden, und als Angriffswaffen gegen ihn selbst gekehret werden sollten? Hr. v. M** sowohl als Abbe Sabatier haben den Gladiatoren, gegen die sie auftreten, diesen wichtigen Vortheil über sich an zwey Orten eingeräumt; der erste, da er behauptet: Die Freyheit könne nur der Antheil kleiner Staaten seyn a); der zweyte

―――――

a) S. 35.

te in seinem langen Ausfalle gegen die Aufklä=
rung a).

Die Freyheit kann also nicht der Antheil
grosser Staaten seyn. — Die Aufwiegler der Nationen können, werden sich dieses Satzes, als eines von der unwiderstehlichen Gewalt der Wahrheit
entrissenen Geständnisses bemächtigen, und im höh-
nenden Triumphe zuerst den Franzosen zurufen: Dieses ungeheure Reich, von den Alpen und Py-
renäen und zwey Meeren noch nicht ganz
begränzet, war also nichts anders, als ein
ungeheurer Kerker, in dessen Umfange 24
Millionen unter dem Drucke der Knechtschaft
seufzeten. Es war Zeit, einen so grossen
Theil der Menschheit von Fesseln zu befrey-
en — Mit der Fackel des Aufruhrs in der Hand,
und mit demselben Bekenntnisse ausgerüstet, können
sie sich dann an alle Völkerschaften grösserer Staaten wenden, und solche, nach dem Beyspiele Frankreichs, das so lange getragene Joch einer
schimpflichen Sklaverey abzuwerfen, einladen.
Und

---

a) S. 42. in der bis 46. durchgeführten Anmerkung.

Und ein zu gewagt hingeworfener Satz eines schätzbaren Schriftstellers und warmen Verehrers der Ordnung wird das schreckliche Aufgebot gewesen seyn, zu dem Ausbruche der allgemeinen Losreissung von dem gesellschaftlichen Bande, zu den gränzenlosen Verheerungen, welche die Anarchie untrennbar begleiten, und vergrössern.

Die Freyheit kann sogar, nur der Antheil derjenigen kleinen Staaten seyn, die, setzet Hr. v. M** hinzu, von dem verderbenden Metalle gänzlich entblößt sind, das unter dem möglichst kleinsten Umfange seinem Besitzer jeden Genuß des Lebens gewähret. Welche Lehre könnte denjenigen mehr willkommen seyn, die ihren Neid gegen die Vermöglichen hinter einer scheinbaren Geringschätzung alles Reichthums verbergen, und, wenn nicht ihren Geiz zu sättigen, der nicht gesättiget werden kann, wenigstens in dem Gewühle einer allgemeinen Plünderung ihrer Raubsucht zügellosen Lauf zu lassen, die Gelegenheit abzusehen hoffen. Scheinbar die Sache des Volkes führend, werden sie unter diesem Namen den trägen, den müssigen, den durch Verschwendung und

Laster zur schandbaren Dürftigkeit herabgesunkenen Haufen entflammen: der **Freyheit**, zu der sie ihn aufrufen, den **Wohlstand** ihrer Mitbürger, als mit der Freyheit **unvereinbarlich**, zum Erstlingsopfer zu schlachten. So hätte also Herr v. M** der Zerstörung der Schlösser, der Beraubung des Adels und der Klerisey, der Entweihung der Kirchen und Altäre allen den unendlichen Gewaltthaten, welche seit der Selbstbestellung der Nationalversammlung an jeder wohlhabenderen Klasse verübet worden, wo Freyheit überall das Losungswort der Plündernden war, so hätte er allen Beschlüssen, welche ganze Klassen unter dem Vorwande, die Freyheit herzustellen, ihres unter dem Ange, und nach Vorschrift des Gesetzes erhaltenen, dadurch von der öffentlichen Verwaltung verbürgten Eigenthums willkührlich entsetzet haben, diesen Gewaltthaten und Beschlüssen hätte M** gleichsam eine Schutzrede geschrieben, und die Ehre der Plünderer der Thuillerie, die Ehre der Jourdane wäre gerettet! So hätte also Cicero den Catalina vertheidiget: und dieser, nachdem er durch den herumgegangenen Blutbecher sich und seine Mitverschwornen zu Würgern

des

des Senats, zu Mordbrennern des Kapitols, zum Untergange des Vaterlandes eingeweihet, hätte im ächten Sinne des nach Freyheit strebenden Bürgers zu den Cethegen und Lentulen und der Rotte der römischen Sans = cúlottes gesprochen: Uns die zu Haus Mangel, ausser demselben die Last der Schulden drücket, deren gegenwärtiger Zustand unglücklich, die Aussicht in die Zukunft noch verzweifelter ist, was ist uns, ausser dem elenden Leben, übrig gelassen? So erwachet dann, und ergreifet die Freyheit, die ihr so oft gewünschet habt a).

Die Freyheit wäre nur der Antheil kleiner Gesellschaften? Die Metelle nämlich und Luculle, die Pompeje und Cicerone waren in der Knechtschaft, weil sie Bürger eines Staates waren, dessen Gebiet aus Europa über einen grossen Theil von Asien und Afrika erweitert war? Die

---

a) Nobis domi inopia, foris æs alienum, mala res, spes multo asperior: denique quid reliqui habemus, præter miseram animam? Quin igitur expergiscimini! En illa quam sæpe optastis, libertas! *Sallust. Bell. Catil. c.* 10.

Freyheit könnte sich neben Gold und Silber, den Vorstellungszeichen des Reichthums nicht erhalten? Die englischen Handelsleute, welche mit ihren Schiffen Meere bedecken, der Holländer, der mit seiner Unterschrift Millionen überträgt, und aus seiner Schreibstube in alle Welttheile Befehle absendet, sind nicht frey? Die Schweizer sind es nicht, weil die Eidgenossenschaft nicht, wie der Gesetzgeber von Lacedämon, Gold und Silber aus den Gränzen Helvetiens verbannet hat? Freyheit und bewegliches Eigenthum, das durch Gold und Silber vorgestellet wird, wären also zusammen unverträglich? Aemsigkeit und Kunstfleiß, und was sonst den Zustand des Menschengeschlechts verbessert, den Genuß des Lebens versüsset, könnten mit der Freyheit nicht bestehen? Denn Gold und Silber geben der Aemsigkeit, dem Kunstfleisse wechselseitig Daseyn und Belohnung — Mit einem Worte: um frey zu seyn, sollte man ein Bettler seyn müssen. Die Freyheit in dieser Gestalt angeboten, würde weder für einzelne Menschen, noch ganze Nazionen Reiz haben: und man wäre versucht, auszurufen: Wir wollen nicht frey, wir wollen nur glücklich seyn.

Aber

Aber nein! wir wollen frey und glücklich seyn. Denn es ist ein wesentlicher Theil der Freyheit selbst, durch die Gesetze geschirmet, der Glücksgüter froh zu werden, die sich Geschicklichkeit und Fleiß erworben, oder die Häuslichkeit und Vorsorge der Vorfahren, das Wohlwollen der Freundschaft, oder was sonst für ein günstiger Zufall zugewiesen haben. Wir wollen frey und glücklich, und werden unseres Glückes desto versicherter seyn, als Glieder eines Staates, der selbstständige Kraft in sich findet, den glücklichen Zustand seiner Bürger auch gegen Gefahren, welcher sie fremde Raubsucht aussetzen würde, zu beschützen, und den beleidigenden Uebermuth, womit Custine und Dümouriere Nationen unter dem Namen der Befreyung den drückendsten Despotismus der Anarchie aufdringen wollen, ferne zu halten, und — wir hoffen es, zu bestrafen. Wir wollen glücklich und frey seyn; und werden es unter dem Schilde einer gerechten, weisen monarchischen Regierung, wenn gleich selbst Hr. v. M** die Freyheit als unvereinbarlich mit der Monarchie zu betrachten scheinet.

Das

Das hätte M**? und Sabatier hätte es nicht wenigstens wahrgenommen? Ihr Erstaunen über beyde ist nicht grösser als das meinige. Auch sehe ich wohl kaum eine stärkere und zugleich gefährlichere Unaufmerksamkeit, die antirepublikanischen Schriftstellern hätte entkommen können, als diese: Freyheit mit Republick so untrennbar zu verbinden, daß die beyden Begriffe — lassen Sie mir das neue Wort hingehen, da es die Sache so genau ausdrücket — daß sie wie ganz vernämlicht, da stehen.

Kann der republikanische Fanatismus in Frankreich von Dauer seyn? a)

Er kann es nicht nach Herrn v. M**, kann es darum nicht, weil eine Demokratie in einem grossen Staate nicht bestehen kann: b) weil die Aristokratie der Aemter c) die Aristokratie des Reichthums d) ein ewiges Hinderniß der Gleichheit* seyn werden.
Denn

---

a) S. 32. b) S. 34. c) daselbst. d) S. 35.
* Man würde nicht zu Ende kommen, wenn man alle Ungenauheiten dieses Schreibens rügen

Denn die Reichthümer, die in diesem Jahrhunderte sich so sehr vermehren, erwecken die Liebe zur Ruhe, die Liebe zum Genusse, die sich mit der Freyheit keineswegs vertragen — Die Republiken können ausarten, und sich in Monarchien umgestalten: aber grosse Staaten können nicht Republiken werden. Die Freyheit kann nur der Antheil kleiner Staaten seyn.

Alles das in einen Zusammenhang gebracht, heißt: „Grosse Staaten können nicht Republiken „werden: denn nur kleine Gesellschaften sind zur „republikanischen Regierungsform, und nur Re- „publiken sind zur Freyheit geeignet „

Wie sehr wünschte ich, als ich dieses las, daß die Wortführer der besseren Sache die Blendung des Parteygeistes, die so leicht über Ziel und Zweck hinausführet, und Genauheit in Behauptungen und

Aus-

sollte. Hier: z. B. wird Republik abermal mit Gleichheit so vermengt, als hätte Rom keine Republik seyn können, weil das römische Volk in Patrizier und Plebejer untergetheilt war.

Ausdrücken nicht kennet, einzig den Feinden der allgemeinen Ordnung und Völkerruhe überliessen. Denn, was konnten die Thronenstürmer Vicomterie, die Manuele, die Debry, und wer sonst in tobenden Werken gegen alle Monarchien zu Feld zieht, zur Abwürdigung derselben mehr sagen, als: „Daß „die Monarchien nicht rechtmässige, irgend durch „Völkerwunsch bestehende Regierungsformen, „sondern Ausartung der Republiken sind?„ — Und dieser Nationalkonvent,, dessen Verhandlungen ganz die Wuth der Robertspierre, Marate, Pethione, Mailhe, Reni, Audote, Lasource, Thuriote ꝛc. athmen, wenn dieser zu dem Beschlusse vom 19. November 1792, worin er alle Völker gegen ihre Könige zur Empörung auffordert; — damit kein Beyspiel von Folgsamkeit und erhaltener Ordnung Frankreich die Zerrüttung, worin es versunken ist, vorwerfe, noch irgend in einem Winkel der Erde ein Volk weniger unglücklich sey, als die Franzosen selbst sind — wenn er zu diesem schrecklichen Beschlusse eine Einleitung, eine Begründung suchte, hier fände er sie, in dem unbedacht hingelegten Satze, der alle Nationen, die in Monarchien leben, für Sklaven erkläret, wenn es

wahr

wahr ist: daß die Freyheit nur der Antheil der Republiken seyn kann —

Einiger Maſſen ſchienen die Verfaſſungen, welche ſich insbeſondere Republiken nennen, den Gedanken dieſer ſtolzen Ausſchlieſſung von jeher bey ſich genähret zu haben: und ich weis nicht, wie es kam, daß deutſche Publiciſten den Begriff Republik immer nur durch Freyſtaat geben zu können, glaubten. Um die widerrechtliche Anmaſſung der Erſten zurecht zu weiſen; um die Unaufmerkſamkeit vaterländiſcher Schriftſteller zu berichtigen — und hauptſächlich, um zuvorzukommen, daß die Irrung, worein M** ſich unwillkührlich verſtricket, nicht jemals als Anſehen gemißbrauchet werde, ſetze man dem Nationalkonvente den Ausſpruch Rouſſeaus entgegen, deſſen Richteramt abzulehnen, in der Gewalt derjenigen nicht ſteht, die ſich rühmen, die Rhetra a) dieſes heutigen Lykurgs ihrer Verfaſſung

a) Rhetra nannte Lykurg die Geſetze, welche er nach und nach bey den Lacedämoniern einführte, und von denen er, um ihnen, gleich anfangs Ehrerbietung und Gehorſam zu verſchaffen, vorgab: ſie wären ihm unmittelbar von dem Appoll zu Delphi mitgetheilt worden.

fung zur Grundlage gegeben zu haben. Ich nenne — schreibt er — einen Freystaat, jeden Staat, der durch Gesetze beherrschet wird, welche Form von Regierung daselbst angenommen seyn mag — Jede gesetzmässige Regierung ist republikanisch a) Und zur weiteren Erörterung dieser Stelle: Ich verstehe durch dieses Wort (Republik) nicht eine Aristokratie und Demokratie allein, sondern insgemein jede Verwaltung, welche von dem allgemeinen Willen, der das Gesetz ist, geleitet wird: —Denn die Monarchie selbst ist alsdann Republik. b)

Ich kehre den Blick in dem Inneren des Nationalkonventes gegen die Tribunen, deren bis zum zügellosesten Ungestüme und in Drohungen ausbrechendes Geschrey den Meinungen Zwang anleget, die Darstellung der Gründe, die Freyheit der Untersuchung hemmet, die Freymüthigkeit der Stimmführenden zu verstummen, nöthiget — Ich kehre meinen Blick auf die Rottirungen unter den Namen

a) Contract social B. II. K. 6.
b) Ebend. Anmerk.

men Klubs, die durch einseitige Berathschlagungen der Berathschlagung der Nation übermüthig vorgreifen, und ihre Blutschnaubenden Beschlüsse als Petitionen an die Schranken des Nationalkonventes senden, welche, nicht anzunehmen, das brohende Geleit von unzählbaren Picken, ihm die Wahl nicht läßt: und ich frage das Orakel von Genf: „Sind die Gesetze hier in Kraft und Ansehen? Ist es selbst die Gesetzgebung? Und ihre Beschlüsse, sind sie, wofür sie ausgegeben werden, der Ausdruck des allgemeinen Willens der Nation?

Es antwortet a) Wenn eine dieser Versammlungen zu einer solchen Stärke erwachsen

a) II. B. 3. K. Ich versage mir zu schwer, aus einem vor Augen schwebenden Beyspiele, den Beweis zu führen, welchen Vortheil die Regierungen daraus schöpfen werden, wenn Männer am Ruder und in Geschäften es nicht gerade für Pedanterey halten, auffer ihren Akten gleichwohl zuweilen einen Blick in ein Buch zu werfen, und zu glauben, daß sie in manchen Vorfällen darin eine Anweisung finden können, um die sie vergebens die Registraturen und Archive durchsucht haben würden. Es war der englischen Regierung, es war Europen bekannt, daß in London ein

sen ist, daß sie die Oberhand über alle andere erhält, so ist nicht mehr ein **allgemeiner Wille** vorhanden: und die Meinung, welche durchgesetzt wird, ist bloß eine **besondere Meinung** — Und diese besondere Meinung einer Partey wird der Nation zum Gesetze aufgedrungen: und das wäre Freyheit? Kann der einzelne Bürger sich Freyheit da verheissen, wo selbst der gesetzgebende Körper, wo die Vorstellung der Nation den Nacken unter

dem

zahlreicher Klub von Anhängern der **französischen Revolution** zusammengetreten. Der Nationalkonvent selbst hatte sein Verhältniß mit demselben ruhmredig bekannt gemacht, und ihm das Bündniß der Brüderschaft angeboten. Die Gewaltsamkeit, das Uebergewicht der Klubs, die Frankreich seit 4 Jahren unter den Füssen halten, waren warnend. Mit einem Male sieht man in allen Theilen Englands Gesellschaften aus den ansehnlichsten, wohlhabendsten Bürgern sich vereinigen, die sich die **Aufrechthaltung der gegenwärtigen englischen Konstitution** zum Zwecke nehmen. Diese Maßregel geht vor Eröffnung des Parlaments her, und wird um desto mehr bewundert, je weniger ihre zuverlässige Wirkung bezweifelt werden kann. Das englische Ministerium hat nur befolgt, was Rousseau für den Fall schon vorgesehen hatte, wo es der öffentlichen Verwaltung nicht gelingen sollte, beson=

dem Despotismus einer unterdrückenden Partey zu beugen, gezwungen ist?

Kommt nun Abbé Sabatier von Castres an die Reihe: und ich bin erstaunt, wie jemand, der, den Wissenschaften einen Namen zu verdanken, glaubet — oder vielmehr, bin ich nicht erstaunt, wie einem Sabatier diese heftige Philipick von der Feder fliessen konnte, deren blosse Ueberschreibung ich mir nicht ohne die äusserste Ueberwindung auflege.

Er lenket darauf mit einer Schilderung des Zustandes ein, in welchen Europa zu versinken, bedroht

dere Gesellschaften zu verhindern, die er, sey es im Vorbeygehen bemerkt, nicht wie die französischen Nomotheten für unentbehrlich, um durch sie den allgemeinen Willen zu erkennen, die er diesem Kenntnisse so gar nachtheilig hält. Wenn es, ist sein Rath, gleichwohl einzelne Theilgesellschaften gibt, so muß man ihre Anzahl vermehren, und dadurch, wie Numa, Solon, Servius gethan, ihrer Ungleichheit (das ist ihrer Uebermacht) zuvorzukommen, trachten. II. B. 3. K. Es lohnte sich dieses einzigen daraus gezogenen Nutzens wegen der Mühe, daß H. Pitt den Kontraktsocial gelesen hatte.

droht ist „ da die Schranken der Ehre und Tugend
„ überall durchbrochen, Religion und Vaterlands-
„ liebe aus allen Herzen verschwunden sind —
„ Schon sind alle Empfindungen ausgeartet, schon
„ die Sitten überall erschlaffet. Wenn ehedem der
„ Schleyer des Geheimnisses, in welchen Unglauben
„ und Zügellosigkeit sich hüllten, schwächeren See-
„ len das Aergerniß ersparte, und solche gegen un-
„ glückliche Ansteckung schützte, so zeigen heute sich die
„ gehässigsten Laster mit offener Stirne, sogar daß
„ man sich derselben rühmet, und endlich dahin ge-
„ langet ist, die Verachtung selbst zu verachten. „

„ Dieß sind (verfolgt er) die Früchte der
„ philosophischen Aufklärung und der Unvor-
„ sichtigkeit der Regierungen, welche die
„ Vorschritte derselben erleichtert haben, ohne
„ zu bedenken, daß jemehr der Verstand der Völ-
„ ker aufgeklärt ist, desto mehr ihr Herz sich ver-
„ schlimmert. Denn die Leidenschaften, die stets stär-
„ ker als die Vernunft sind, erhalten dann zahlrei-
„ chere Mittel, sich zu befriedigen. „

„ Und in der That, die Aufklärung ist Uep-
„ pigkeit des Verstandes, und jede Art von Uep-
„ pig-

„pigkeit zieht Sittenverderbniß nach sich. Wenn
„ die Menschen damit sich beschäftigen, die Weisheit
„ und Tugend zu erklären, so vernachlässigen sie,
„ dieselben auszuüben. Ein Nero herrschte, als
„ Seneka über die Tugend dissertirte. Nie waren
„ die Griechen so verdorben, als da Sokrates in
„ den Schulen von Athen seine Moral auskramte.
„ Nie war in Rom eine so bezeichnete Schlaffheit,
„ eine tirannischere Unterdrückung, ein verderbliche-
„ rer Hang, als da in Mitte desselben Lehrsäle von
„ Beredtsamkeit und Weltweisheit eröffnet waren.
„ Sylla, Cäsar, Oktavius, diese verwüstenden
„ Geiseln der Menschheit, waren die Zöglinge, die
„ Freunde der Philosophen ihrer Zeit. Frankreich
„ zählte nie mehrere Akademien, mehrere wissen-
„ schaftliche Gesellschaften, mehrere Philosophen,
„ Sittenlehrer, weltliche und geistliche Prediger, als
„ bey dem Ausbruche der Revolution, welche die-
„ ses einst so blühende Reich mit Schande und
„ Trauer bedecket.

„ Die Aufklärung würdiget die Seelen ab,
„ entkräftet den Muth, vermehret die Bedürfnis-
„ se, zieht die Menschen in sich selbst zusam-
„ men,

„ men, und vereinzelt sie von dem gemeinen We-
„ sen; sie verenget das Herz, und erweitert das
„ Gewissen, verkehrt die Sitten, welket die Na-
„ tur hin, und erschweret die Anstrengung, wel-
„ che die Tugend fordert. Mit einem Worte, die
„ Völker arten nach dem Maße aus, als sie auf-
„ geklärter, gebildeter werden. Und wenn auf dem
„ offenen Lande, in Dörfern mehr Unschuld und
„ Sitten gefunden werden, als in Städten, und
„ vorzüglich in Hauptstädten, so rühret es daher,
„ weil die Aufklärung daselbst weniger verbreitet ist.
„ Wenn die russischen und österreichischen Heere die
„ besten von Europa, die unermüdetesten, zucht-
„ befolgendesten sind, die Ursache ist, weil darunter
„ nur wenige Soldaten lesen können a). Den
„ Men-

a) Ob Abbé Sabatier vielleicht zuverläßiger von Rußland unterrichtet seyn mag — Aber man kann ihn versichern, daß unter den österreich. Soldaten die Anzahl derer, welche n i c h t schreiben können, klein ist; wenn ja noch welche sind, seit dem überall Volksschulen bestehen, und jedes Regiment nicht nur für die Kinder seiner Soldaten eigene Schulen hat, sondern sogar veranstaltet ist, daß w i r k l i c h e Soldaten, denen früher die Gelegenheit des Unterrichts gemangelt haben möchte, denselben n a c h h o l e n können.

„ Menschen in Massen betrachtet, ist nichts schäd-
„ licher, als Bücher: ein schlechtes; und es sind
„ deren in so grosser Zahl; wirket mehr Uebel, als
„ zwanzig vortreffliche Gutes stiften. Das einzige,
„ woraus man zum Unglücke der Erde nur zu sehr
„ Nutzen gezogen hat, ist der Regent des Ma-
„ chiavgl. Was auch unsere schönen Geister sa-
„ gen mögen: der Kalife Omar gab nicht so sehr
„ einen Beweis seiner Barbarey, als seiner tiefen
„ Politik, da er die Bibliothek von Alexandria in
„ Brand zu stecken, befahl, unter dem Vorwande,
„ daß alle Bücher, wo sie etwas gegen den Alko-
„ ran enthielten, schlecht, daß sie überflüssig wä-
„ ren, wenn sie nichts als die Lehre des Alkorans
„ enthielten. Haben Voltär und Rousseau ihrem
„ Jahrhunderte den Genuß eines edeln Vergnü-
„ gens verschaffet, so kann man nach den Begriffen,
„ welchen ihre Schriften die Entstehung gaben, be-
„ haupten, daß sie den folgenden Jahrhunderten
„ häufige Unruhen, häufige Drangsale vorbereitet
„ haben. Urtheile man aus den Verheerungen, die
„ von ihren Zöglingen bereits über die schönsten
„ Theile von Europa herbeygeführet worden.

Das Nachschreiben ist nicht ergözend, ich fühle es nur zu sehr. Aber ich darf nicht auf halbem Wege ermüden, da Sabatier noch nicht ermüdet ist, den Wissenschaften Hohn zu sprechen. Er fährt fort:

„Seit dem die Buchdruckerey uns mit Bü-
„chern und Tagblättern überschwemmet, sind die
„Menschen seit dem besser, glücklicher, die, welche
„sie beherrschen, weiser? Sind Betrug, Hinter-
„list, Haß, Verrätherey, Lüge und Verläumdung,
„Todtschlag, sind Verbrechen unter uns verschwun-
„den? Und sah man entgegen Offenheit, Recht-
„schaffenheit, Großmuth, das Glück und den Frie-
„den wieder entstehen? Oder vielmehr, trotz der
„philosophischen Stralen, trotz dieser heuchelnden
„Schriften von Menschlichkeit, Duldsamkeit,
„Brüderlichkeit, wann bewies man sich wüten-
„der, grausamer, barbarischer? Welches Jahr-
„hundert der Unwissenheit sah das französische Volk
„mehrere Gräuel verüben, als das gegenwärtige?
„Die Menschenfresser, die Kannibalen hätten sie
„mit kaltem Blute an einem Tage, selbst zu dem
„Fusse der Altäre, zweyhundert ihrer Priester er-
„würget, weil sie den Glauben ihrer Väter abzu-
„schwö-

„ schwören, sich weigerten? Haben die Domitia-
„ ne gegen die Christen schrecklichere, tirannischere
„ Verordnungen erlassen, als die Dekrete des Na-
„ tionalkonventes gegen die Ausgewanderten, ihre
„ Vaterlandsgenossen? Alles, was wir dadurch,
„ daß wir aufgeklärter sind, gewonnen haben, ist:
„ mit Kunst, mit einer Feinheit boshaft zu seyn,
„ welche das Uebel ansteckender, und nur um desto
„ gefährlicher machet. „

Was habe ich geschrieben? Was haben Sie gelesen? Sollte nicht der Nationalkonvent, dem so manche künstelnde Hand in seinem eigenen Kreise, und ausserhalb desselben durch Verschwendung der Nationalschätze, alle Schriftverfälscher, wie alle Giftmischer und Meichelmörder zu Gebot stehen, der es beweist, wie leicht es ihm war, sich Urkunden als Belege zu den Verbrechen zu verschaffen, deren er entschlossen ist, Ludwig den XVI. schuldig zu finden; sollte nicht er dieses Manifest gegen den menschlichen Verstand untergeschoben haben, um es der allgemeinen Befehdung der Monarchien voraus, oder zur Seite gehen zu lassen? Denn, das ist vollkommen die Sprache dieser Versammlung und ihrer ausgesandten Brandleger, wenn sie den Völkerschaften zur Befreyung von der Unterdrückung der Despoten, der Tirannen, wie sie überhaupt alle Monarchen nennen, Beystand anbieten: das sind ihre Beschuldigungen, um eine Regierungsform, verhaßt zu machen, verabscheuungswürdig darzustellen, die — sagen sie — sich nicht anders, als unter dem Schutze der finstersten Unwissenheit erhalten kann; wo die Unterwürfigkeit gegen die Gebote der Willkühr und Eigenmacht, oder gegen die Launen des Eigensinns, zu denen der Sklave sich krümmet, nur auf das Unvermögen, sich durch die Vernunft emporzurichten, gegründet; wo daher jeder Stral, bey dessen Schimmer er den Zwang seiner Stellung gewahr werden, und eine glücklichere Bestimmung ahnden könnte, mit Besorgniß abgewendet werden muß. Wenn die Grundsätze, welche Abbe Sabatier aufstellet, in der That die Grundsätze sind, wodurch allein sich Monarchien aufrecht erhalten können; wenn Monarchen die Fortschritte der Kenntnisse, die Vervollkommung des menschlichen Verstandes bey ihren Völkern zu fürchten haben; wenn sie den Unterricht, der aus

nütz-

nützlichen Büchern geschöpft werden kann, als gefährlich betrachten, und um dieser Gefahr auszubeugen, Omars weise Politik sich zur Nachahmung vorschreiben müssen, dann, o dann ist die Beschuldigung, die wir gehört haben, keine Verläumdung.

Oft sagten sich die Demosthene der Nationalversammlung in entscheidenden Augenblicken: die Welt hat ihre Blicke auf uns gerichtet: schwingen wir uns auf zu der Höhe der Umstände, in welche wir versetzet sind! Um niemals unter ihrer Bestimmung gefunden zu werden, mußten Könige sich diese Erinnerung zu allen Zeiten wiederholen. Aber zuverlässig fassen die Blicke der Nationen sie in diesem Zeitpunkte schärfer, als jemals; und es liegt der Aufrechthaltung der Monarchien vielleicht noch mehr, als der persönlichen Ehre der Monarchen daran, den schrecklichen Argwohn nicht Wurzel fassen zu lassen, als hätte Sabatier — oder wer sonst jemals durch Lästerung der Aufklärung, sich des Verbrechens der entheiligten Vernunft schuldig gemacht, mit ihrem Beyfalle — um desto weniger, als hätte er von ihnen dazu bevollmächtiget, das Wort geführet. Und

eben

eben so sehr liegt der Ehre der Menschheit und ihrer ganzen Glückseligkeit daran, eine Schmähschrift nicht unbeantwortet zu lassen, zu welcher es mir Leid thut, daß ein Mann, der ohnehin noch den Wissenschaften zu einem grossen Söhnopfer verpflichtet ist, sich von Neuem dahinreissen —

Und darum, weil er sich hinreissen lassen, nicht wahrgenommen hat, daß er, was bloß durch Zeitverwandtschaft nebeneinander steht, als Ursache und Wirkung aneinander kettet; und dadurch irre geleitet, wo er Vernunftsgründe gegeben zu haben glaubet, bloß Spitzfindigkeiten hinstellet — daß er, wo er die Geschichte zur Zeuginn auffordert, von derselben in seinen zuversichtlichen Behauptungen am kräftigsten widerleget wird — daß, wenn die von ihm geäusserten Grundsätze zugegeben würden, die daraus unmittelbar fliessenden Folgen, der Menschheit die Vernunft zum traurigsten Geschenke der Vorsicht machen, den Menschen zu dem Thiere hinabstossen würden — daß er zuletzt, mißkennend, für oder gegen wen er stehe, die Streiche, die dem Gegenstande einer billigen Verachtung bestimmet seyn sollten, wider den Gegenstand, so will ich

ich es glauben, seiner Verehrung geführet habe. Doch so mußte, so wird zu allen Zeiten der Kampf beschaffen seyn, den, wer immer, und es sey in was immer für einer Absicht, der Völkerbeglückenden Aufklärung anzubieten, die Verwegenheit haben wird. Eine so üble Sache kann durch keine Gründe gestützet werden, die der strengen Prüfung stehen; sonst wäre sie die üble Sache nicht.

Sollte man daraus einen Vorwurf gegen die Aufklärung ableiten, daß die Schule, wo Sokrates Sittlichkeit lehrte, gerade mit dem Zeitpunkte des überhand nehmenden allgemeinen Verderbnisses von Athen und Griechenland übereintraf; daß Seneka eben zu der Zeit, da ein Nero den Thron, wie die Menschheit entehrte, über die Vorzüge der Tugend schrieb, * so mache man es auch der Arzneywissenschaft zum Vorwurfe, daß sie dem Menschen ihren Beystand zu der Zeit anbietet, wann Krankheiten am häufigsten wüten. Und dafern die Vorschriften der Heilmittel zwar das Daseyn der Uebel, und die Nothwendigkeit, denselben entgegen zu arbeiten, bezeichnen, wer sagt darum: die Krankheiten sind eine Wirkung von den Schriften der

der Hyppokrate und Galene? Eben so richtig möchte man schliessen: das Ueberhandnehmen der Verbrechen sey die Wirkung derjenigen Gesetze, durch welche man denselben Einhalt thun will. Die strenge Lehre der Stoiker wurde in Rom durch die häufigsten Schriften verbreitet, gewann die zahlreichsten Anhänger, als jeder tugendhafte oder berühmte Römer die Nothwendigkeit einsah, sich gegen die Grausamkeiten der herrschenden Wütriche durch standhafte Verachtung des Todes zu waffnen. Aber die Schule des Zeno hat die Domitiane nicht gebildet, wie die Schule des Sokrates nicht die Anite und Melite. Nicht, weil Seneka seine Bücher über Zorn und Sanftmuth bekannt machte, ist Nero ein Blutschänder, ein Muttermörder, der Mordbrenner Roms, ein Abgrund aller Schandthaten gewesen. Nicht, weil Cicero so vortrefflich von der Vaterlandsliebe und den Pflichten der Menschheit gesprochen, haben Pompejus und Cäsar in den pharsalischen Feldern entschieden, welchem von beyden das Vaterland dienen sollte. Noch waren die Blutregister des Triumvirats eine Wirkung des Unterrichts und Vergnügens, welche Antonius und Oktavius in dem

Um-

Umgauge der Weltweisen ihrer Zeit genossen; so wie Karl der IX, auf seine Unterthanen Jagd zu machen, nicht von dem weisen, tugendhaften L'Hopital, noch die Clement und Ravaillac aus den Schriften der Montagne und Charon den Mordstahl gegen Könige zu schärfen, gelernet haben. So wie wenigstens Voltärs schönstes Ehrendenkmal, seine Abhandlung über die Religionsduldung nicht die Schuld trägt, daß zweyhundert Priester zu den Füssen der Altäre, die sie durch einen Eid gegen den Einspruch ihrer Ueberzeugung nicht entweihen wollten, der Unduldsamkeit zum Opfer gefallen sind.

Wohl aber sind die Wissenschaften, welche Aufklärung über Nationen verbreiten, berechtiget zu sagen: Weil die Fürsten durch uns überzeigt worden, daß ihre Wohlfahrt mit dem Wohlstande, mit der Glückseligkeit ihrer Unterthanen und Mitbürger, untrennbar verbunden ist, daß wahre Grösse und dauerhafter Ruhm auf keinem andern Wege erhalten werden, als durch Weisheit und Gerechtigkeit der Verwaltung; daß ein dichter Kreis bewaffneter Schaaren, nicht so genau bewachen kann, als die Sorgfalt einer allgemeinen Liebe; so sind Ti-

ran-

rannei und Völkerunterdrückung von den Thronen, bis zu welchen diese Wahrheiten hindurch dringen konnten, verschwunden; so betrachten Könige sich nur als Vorsteher, nicht als Herren ihrer Reiche, so vermengen sie nicht, den Despoten Asiens gleich, den Unterthan mit dem Sklaven, so wissen sie, daß sie von dem Vermögen der Bürger Beschützer, nicht Eigenthümer sind. Weil wir den Menschen von der Nothwendigkeit eines gesellschaftlichen Vertrages, Nationen von der Nothwendigkeit einer öffentlichen Leitung in der bürgerlichen Gesellschaft, von der heiligen Unverletzlichkeit derjenigen, in deren Hände das gemeinschaftliche Zutrauen diese Leitung gelegt hat, überführet, weil wir die Unabsonderbarkeit des einzelnen Wohls von dem allgemeinen, und daß die Beobachtung der Gesetze, daß die Erhaltung der öffentlichen Ordnung die Grundfeste dieses allgemeinen Wohls sind, ausser Zweifel gesetzt haben; so sind Ergebenheit für Vaterland, und Verehrung gegen rechtmässige Gewalt als Bürgertugenden, und Folgsamkeit gegen Gesetze und Bewahrung der öffentlichen Ordnung als Bürgerpflichten angesehen, durch deren Verletzung jedermann sich selbst schaden würde. Daß man Verträ träge von Volk zu Volk verbindlich hält, und Glauben und treubrüchig seyn, sobald es Vortheil bringt, nicht mehr feine Politik, sondern schlaue Schändlichkeit heißt: daß man den Eroberer nicht mehr bewundert, sondern verabscheuet, und, anstatt die Bildsäulen der Staatenräuber in dem Tempel des Ruhms aufzustellen, ihnen den verdienteren Platz in den Hallen der Tollhäuser anweiset; daß man die Religion nicht mehr mit Aberglauben verwechselt, und in diesem den Unterdrücker der Menschheit, in jener ihre Schutzgöttinn erkennet; daß man erkennet, Ueberzeugung von seiner Glaubenslehre könne neben Duldung für eine fremde, wenn man so will, neben Nachsicht gegen Irrthümer, und Verschiedenheit über Religionsmeinungen, neben Uebereinstimmung in Ergebenheit für Vaterland, Gesetze und Fürsten bestehen; daß die Tiranney der Lehensbarkeit, welche Personen zu Sachen herabwürdiget, und Menschen, die aus den Händen der bildenden Natur, nur sich angehörend entlassen werden, zum Eigenthume eines Anderen macht, daß diese abscheuliche Dichtung einer feilen Rechtsgelehrsamkeit kaum sich noch in einigen Winkeln Europens erhält; daß die Gesetze, daß die bür-

bürgerliche und kriminal Rechtspflege überall verbessert werden; wenigstens nirgend verkennet wird, wie sehr sie einer Verbesserung bedürfen, um von dem Roste der eisernen Jahrhunderte gereiniget zu werden, und mit den vorgerückten Begriffen der Zeit in Einförmigkeit zu stehen; daß die Finanz nicht mehr die einträgliche Kunst ist, dem Unterthane, das, was er zu seinem und der Seinigen Unterhalt nicht entbehren kann, unter dem Vorwande des öffentlichen Bedürfnisses, zu entreissen, um der Ausführung hochmüthiger Vergrösserungsentwürfe, um der Verschwendung der Fürsten, und der Raubsucht der Höflinge dennoch nicht zuzureichen — sondern eine Wissenschaft, welche alle Klassen gegen übermässige Forderungen des Fiskus, und die Plagereyen, die Erpressungen der Einhebung, die minder vermöglichen und arbeitsamen Klassen gegen angesprochene Ausnahmen der wohlhabenden und unfruchtbaren in Schutz nimmt, und den mit Häuslichkeit berechneten Aufwand des Staates mit gerechter Gleichheit und Schonung einhebt, und mit Ordnung verwendet; daß die Landwirthschaft, die Zweige des Handels mit allen Hilfstheilen verbessert, die nützlichen und verschönernden Künste vervollkommet,

und

und zur Vervollkommung der Manufakturen und Gewerbe zu Hilfe gerufen; daß der Aemsigkeit hundert neue Wege der Erwerbung eröffnet, das Gebiet aller Wissenschaften um so vieles hinausgerücket, ihre Ausübung zuverläßiger, ihre Anwendung fruchtbarer, mannigfaltiger gemacht, daß die menschliche Gesellschaft mit unzählbaren Entdeckungen bereichert worden, die den Umfang ihrer physischen und moralischen Glückseligkeit erweitern: **alles dieses sind Wohlthaten der Aufklärung**, sind die gesegneten Folgen der unzähligen kostbaren Werke, welche über Menschen und Völkerrecht, über Religion, Gesetzgebung, über sittliche und physische Kenntnisse, über Feldbau, Manufakturen und Künste erschienen, und durch Vorschub der Buchdruckerey mit Leichtigkeit von Nation zu Nation mitgetheilet, mit unbedeutendem Aufwande in alle Hände gebracht werden. Keine Gestalt, in welche die Erfindsamkeit des Genies den Unterricht kleidet, oder verhüllet, ist von dem Anspruche ausgeschlossen, zum Besten der Menschheit auf irgend eine Art einen Beytrag geliefert zu haben; bis zu der Erzählung und dem Apologe, die durch ihre kunstlose Einfachheit den erhabensten Lehren den Eingang erleichleichtern, bis zur Satire, vor deren Geiselstreichen der Lasterhafte zittert, vor deren Spotte und Lächerlichem der Geck erblasset; bis auf die Schaubühne, welche nicht bloß dem Privatmanne das tadelhafte Bild seines Wandels zeiget, welche mit unerschrockenem Muthe Königen und Ministern den nicht schmeicheln den Spiegel vorhält, und in strafenden Stellen, deren Anwendung die Blicke und das Gefühl eines ganzen Hörsaals nicht irre fallen lassen, begangene Ungerechtigkeiten, verabsäumte Pflichten vorwirft; wo ein übermächtiger Louvois sich in dem verhaßten Sejane zu erkennen, gezwungen ist, wo unter dem Namen des Nero, Ludwig dem 14. die Schamröthe an die Stirne getrieben wird, sich seinem Hofe, wie jener den Städten Italiens, zur Schau gegeben zu haben; und deren größter Triumph immer bleiben wird, dem Tirannen Alexander Thränen einer mitleidsähnlichen Empfindung in das Auge getrieben zu haben; ihm, der nach eigenem Geständnisse a);

gegen

---

a) Pour merite premier, pour vertu singuliere,
Il excelle à trainer un char dans la carriere,
A disputer des prix indignes de ses mains,
A se donner lui même en spectacle aux Romains.

gegen diejenigen, die er getödtet, nie die kleinste Regung von Mitleid empfunden hatte.

Aber mehr als alles hat für Menschenwohl und Bürgerglück die Geschichte geleistet, seit dem sie ihrer Bestimmung ganz eingedenk, mit unaufhaltbarem Fluge über allen Würden, über allen Ständen dahin schwebet, und Tugenden und Lasterthaten mit Blicken beobachtet, denen nichts unburchbringlich ist. Durch sie stehen die Vorzeit und Zukunft mit dem gegenwärtigen Zeitpunkte vor dem Handelnden vereiniget da, und stärken erhabene Seelen in dem schönen Entschlusse, der Achtung der Zeitgenossen werth

---

Die Anekdote von der Wirkung dieser Stelle aus den Britannicus des Racine auf Ludwigen ist bekannt. Weniger ist es die von dem thessalischen Tirannen aus Plutarchs Pelopidas. Alexander sah die Trojanerinnen des Euripides von einem sehr berühmten Schauspieler vorstellen. Plötzlich begab er sich aus dem Schauspiele hinweg; ließ jedoch den darüber bestürzten Schauspieler versichern: er habe sich nicht entfernet, weil er etwann mit dessen Spiele unzufrieden wäre, aber er schäme sich, daß ihn jemand über Hekubens und Andromachens Unglück sollte weinen sehen, ihn, der u. s. w. wie oben.

werth zu seyn; durch die Begierde und Hoffnung, gleich den zum Ruhme verewigten Edeln vor ihnen ihr Andenken bey den folgenden Zeiten in Verehrung zu sehen. Aber auch, läßt sie den grossen Verbrecher, dem seine Macht die Straflosigkeit des Augenblicks versichert, in den ohne Schonung, in ihrer ganzen Abscheulichkeit gezeichneten Ungeheuern der verflossenen, das furchtbare Strafgericht der künftigen Jahrhunderte vorempfinden. Ueber Furcht und Absicht hinweggesetzt, läßt sie in ihren Urtheilen sich auf keine Art vorgreifen, sondern führet, was Zaghaftigkeit, Schmeicheley oder Haß der Zeitverwandten an unrechten Ort gestellet hat, mit unwiderstehlichem Ansehen an den zukommenden Platz zurück; wälzet das von dem Volke angebetete Haupt des Sejanus a) zu den Füssen der Nachkommenschaft in dem Staube der Verachtung und Entehrung; entreißt dem Scheitel der Domitiane den angemaßten Götterstral b); wirft Niche=

---

a) Ardet adoratum populo caput, et crepat ingens
 Sejanus — —

Juvenalis.

b) Der Nimbus, das Zeichen der Vergötterung nach dem Tode, welchen Domitian schon lebend zu tragen, den Hochmuth hatte.

chelieuen, troß der hundert Lobreden seiner akademischen Söldner, Undankbarkeit gegen seine Wohlthäterinn, Unterdrückung und Blutdurst vor; zeigt Ludwig den sogenannten grossen, gegen den die niedrige Schmeicheley seiner Höflinge bis zur Abgeschmacktheit übertrieb a), der sich verhieß, durch an alle zeitverwandte Schriftsteller verschwendete Ehrengehalte selbst das Gerücht bestochen zu haben, zeigt diesen hochmüthigen, wie er durch Erschöpfung seines Reichs ohnmächtig, durch vervielfältigte Niederlagen gedemüthiget, um Frieden bittet, und zwischen einer Betschwester und seinem Beichtvater als Schwächling gegängelt, zu hundert Grausamkeiten, hundert Ungerechtigkeiten, hundert Thorheiten umhergetrieben wird; weiset dem polemischen Heinrich dem 8. seinen Platz unter den blutdürstigsten Wollüstlingen und

---

a) Der ahnensüchtige St. Simon, der in seinen Memoires eben nicht verschonend ist, schreibt im I. Bande. K. 24. On trouvoit le Roi (Ludwig den 14) se chaussant, car il faisoit presque tout lui même, avec adresse et grace. Es war, dächte man, eine ziemlich tolle Schmeicheley, darin das Lob aufzufinden, daß Ludwig alles selbst that, weil er sich Beinkleider und Strümpfe selbst anzog: aber nicht genug: er that es auch avec adresse et grace!

und Verfolgern, und Thomas Morus eine Stelle in der Reihe grosser und standhafter Männer anführet Cromwellen auf das Blutgerüst der Mörder, versöhnet den Schatten Karl des I. durch eine Ehrensäule, und die jährliche Trauerfeyer der Nation —

Und beschäftiget sich ohne Zweifel schon gegenwärtig, indem sie sorgfältig die unzählbaren Züge von Unmenschlichkeit aufsammelt, denen die Standhaftigkeit Ludwig des 16. durch so lange Jahre der Prüfung nicht, unterliegt, das heilige Andenken des erhabenen königlichen Martyrers, durch die Thränen, die Bewunderung und Verehrung der tiefgerührten, und wäre es möglich, an der Wahrheit der Erzählung zweifelnden Nachkommenschaft zu rächen; aber seine Tirannen, seine Mörder sämmtlich, dem Anherrn Robertspieres an die Seite zu stellen, dessen Namen der Enkel aus Gerechtigkeit wieder zurücknehmen sollte, da er durch angestammte Wuth und Durst nach Königsblut, über seine Abkunft von Damien keinen Zweifel läßt.

Und

Und du unerschrockener Greis, ehrwürdiger Malesherbes, dem die Verfolgung einst das einzige Verbrechen raubt, durch Tugenden und Wissenschaften zu einer Würde gelanget zu seyn, wohin gewöhnlich nur Schleichkünste führten, und zu deren Bekleidung Wissenschaften für überflüssig angesehen wurden; als das Gerücht von der nahen Gefahr Ludwigs bis zu der stillen Ruhestätte deines Alters erscholl, wo du unwahrgenommen über das Unglück deines Vaterlandes weintest, da fandest du in deiner Seele für deinen König a) alle die Treue und Ergebenheit, die deine ruhmvolle Ministerschaft bezeichnet hatte, fandest die ganze Kraft der Beredtsamkeit wieder, die durch ein halbes Jahrhundert dem Schutze der Gerechtigkeit geweihet war. Zwar kanntest du die Gefahr, der du dich Preis gabst, da du zu einer Vertheidigung dich erbotest, wo jedes deiner Worte, für die, vor denen du sprechen würdest, ein Vorwurf der Ungerechtigkeit, jeder von dir geführter

---

a) Man erinnere sich, daß Lamoignon (Malesherbes) Ludwigen, den der Nationalkonvent stets als Ludwig Capet behandelte, in Gesprächen mit und von ihm immer König nannte.

Beweis von Ludwigs Unschuld eine Ueberführung von Empörung werden mußte. Dennoch erlag dein hoher Muth dieser schreckenden Aussicht nicht. Möge die ewige Vorsicht Nachdruck und Ueberzeugung in deine Worte — und in die Herzen derer, welche dich hören, Empfänglichkeit für Wahrheit und die Rechte der Unschuld legen, damit der glückliche Erfolg deiner Vertheidigung, der Gerechtigkeit der Sache, die du vertrittst, übereinkomme, und dir dein Vaterland, dein Jahrhundert, Europa, die Menschheit dafür verpflichtet werden, sie von der unverlöschbaren Schande eines Königsmordes gerettet zu haben. Aber hätte gleichwohl eine höhere Fügung beschlossen, daß der schuldlose Fürst als ein Opfer und Beweis der zügellosesten Anarchie erliege, und es dem Tyger Thuriot a) gelinge, das kostbare Blut zu trinken, wornach er so gierig lechzet: soll dieses geschehen, um seine mordenden Richter, dem über ih-

---

a) Die Geschichte wird nicht vergessen, der Nachwelt zu erzählen, daß dieser Ehrlose in dem Klub der Rasenden gesagt habe: Wenn niemand Ludwig Capet hinrichten wolle, er sey bereit: sie wird hinzusetzen: Und er war einer von den Gesetzgebern der französischen Republik!

ihren schuldigen Häuptern zum Streiche bereiten Donner des Ewigen, um sie dem Fluche, und der sich vereinigenden Rache aller Völkerschäften zu reifen: um deinen Scheitel edler Greis wird die dankbare Menschheit nicht weniger den Eichenkranz winden, und die Geschichte deinen Namen, deinen Muth, deine Gefahren, der Unsterblichkeit zur Verehrung überliefern.

So unfehlbar lohnet sie der Tugend, und muntert dadurch, zur Ausübung derselben auf: und nicht weniger unerbittlich, bestrafet sie die Lasterthaten, und zwinget die Hand des Bösewichts, so oft er seinen Blick in die Zukunft zu tragen waget, bey Vollstreckung desselben wenigstens zu beben. Und nichts beweiset die gefürchtete Macht der Geschichte kräftiger, als, daß zu allen Zeiten diejenigen, welchen ihr Selbstgefühl verwies, wie sehr sie die Freymüthigkeit derselben zu scheuen haben, ihre Stimme zu ersticken, nichts unversucht liessen. Umsonst! Die furchtsame Knechtschaft des Senats verurtheilte auf Tiberius Wink die Geschichtsbücher des Cor= dus zu den Flammen: Aber sie blieben, schreibt

Ta=

Tacitus a), wurden verborgen, dann herausgegeben. Um desto mehr, folgt die weitere Betrachtung, man den Unverstand derjenigen zu verlachen, geneigt ist, welche durch gegenwärtige Macht, auch das Andenken der künftigen Zeiten vertilgen zu können, glauben. In Gegentheil: das Ansehen verfolgter Schriftsteller wächst; und auswärtige Könige, oder wer sonst diese Art von Grausamkeit gegen sie angewendet, haben nichts anders, als sich Schande, jenen Ruhm erworben. — Sie blieben, und wurden herausgegeben, zu einer Zeit, da die Bücher nur durch Abschriften mitgetheilet wurden. Die erfundene Buchdruckerey vermehret sie ohne Zahl; und bewahret das heilige Feuer der Kenntnisse zu eifersüchtig,

a) Libros per ædiles cremandos, censuere patres, sed manserunt, occultati et editi. Quo magis irridere libet, socordiam eorum, qui præsenti potentia, credunt extinqui posse etiam sequentis ævi memoriam. Nam contra: punitis ingeniis gliscit auctoritas, neque aliud externi reges, aut qui eadem sævitia usi sunt, nisi dedecus sibi, atque illis gloriam peperere. *Annal.* L. IV. C. 25.

tig, als daß es je wieder verlöschen, und die Menschheit in die Finsterniß der Unwissenheit zurück gestürzet zu werden, besorgen sollte. Die vereinigten Bemühungen aller Omare würden nur die Schande der Absicht, den Verstand unterdrücken zu wollen, zugleich aber ihre Ohnmacht, es zu können, an Tag legen.

Allerdings also sind die Menschen besser, gesitteter, sind die Nationen glücklicher, ihre Beherrscher weiser, gerechter, und sind es vorzüglich, seit dem die Buchdruckerey die Mittheilung aller Kenntnisse, alles Unterrichtes so sehr erleichtert, daß der weise Mann nunmehr das kostbare Eigenthum der ganzen Welt, und ein Lehrer der folgenden Jahrhunderte, nicht weniger als seines Zeitalters geworden ist; seitdem durch sie kein Beyspiel grosser Tugenden für das Menschengeschlecht verloren geht, kein grosses Laster sich verheissen kann, nicht dem Abscheue aller Völker, aller Zeiten übergeben zu werden. Allerdings sind die Menschen besser, gesitteter: denn die heutige Geschichte der Nationen ist nicht mehr, wie Voltär die ältere Geschichte aller Völker nennen konnte, eine Geschichte von Bären,

ren, und Wölfen, die sich unter einander zerfleischen und auffressen. Allerdings sind die Nationen glücklicher; sind es nicht bloß durch Verbesserungen, die auf ihren physischen Zustand, auf Nahrung, Erwerbung, auf den vermehrten Genuß einfliessen: sind es nicht weniger durch schützende, noch in dem Bösewichte, den sie zu bestrafen, bemüssiget sind, die Menschheit nicht verkennende Gesetze — fühlen das Glück ihres verbesserten Zustandes damals am stärksten, wann sie ihre Vorfahren unter der Verwüstung ewiger Befehdungen, unter der Tyranney und dem Betruge der Gottesordel, unter dem Drucke der Lehensbarkeit als Zugabe der Scholle, unter dem noch härteren Drucke des Aberglaubens und der unduldsamen Religionswuth, heerdenweise zu Kreuzzügen ausgetrieben, auf dem Scheiterhaufen heulend, oder in den Gräbern der Inquisitionskerker verschmachtend, bemitleiden. Allerdings sind die Könige weiser, gerechter, ich will nicht sagen, als diese Claudiuse und Domitiane, oder diese Basilowitze und Christierne, — um der Beleidigung näher liegender Vergleichungen auszuweichen —, sind ohne Widerspruch weiser, gerechter, als die Beherrscher der

bey-

beyden Welttheile, wohin die Stralen der Aufklärung nicht dringen konnten, noch jemals dringen werden, so lange die Sultane und ihre Divane dem hohen Staatsgrundsaße der Eigenmacht und Unterdrückung getreu, Buchdruckereyen auſſer ihrem Gebiete halten werden. Seht die Despoten von Aſien und Afrika, deren Fuß den Nacken bebender Völker im Staube gebeugt hält — Seht eure Fürſten, ihr Völkerſchaften Europens! — Vergleichet: und entſcheidet zwiſchen Sabatier und der Aufklärung!

Sind nun gleich Betrug, Hinterliſt, und was ſonſt von Verbrechen und Laſtern dort alles verzeichnet iſt, unter uns nicht ganz verſchwunden: die Frage iſt: Sind ſie vermindert? Denn, verſchwinden werden Verbrechen nicht, ſo lange Menſchen ſeyn werden, und mit denſelben, das Gefolge von Leidenſchaften, die Quelle aller Verbrechen. Alſo: Sind die Verbrechen weniger? Er beweiſe, der Gegner der Aufklärung, daß ſie es nicht ſind — Ob er gleich dann nur bewieſen haben würde, daß die Aufklärung zum Guten nicht mit voller Kraft gewirket, nicht, daß ſie ſchädlich eingewir=
ket

let habe — Aber er beweise, daß das Ende des 18. Jahrhunderts, die Zeiten der Finsterniß an Gräuelthaten übertrifft, wo der Bannstral des Vatikans jedes Reich in lohe Flammen der Zwietracht und Empörung zu setzen, die Kraft hatte; wo die Würde aller Kronen, die Ehre aller Völker in Friedrichen und Heinrichen, von übermüthigen Päpsten zu Boden getreten ward; wo die Verbreitung der Religion der Raubsucht den Vorwand leihen mußte, mehr als zehn Millionen Menschen in dem neugefundenen Amerika durch die unerhörtesten Grausamkeiten zu vertilgen, ohne andere Schuld, als das die Unglücklichen mit Hingebung ihrer unendlichen Schätze, den Durst ihrer Henker nach Gold zu stillen, nicht vermochten; wo geblendeter Religionseifer durch Austreibung der Mohren das halbe Spanien entvölkert, und in eine Wüsteney verwandelt hat; wo der Bekehrungssucht von einem Ende des Königreichs zu dem andern tausend Scheiterhausen gebrennet haben, unzählige Opfer geschlachtet wurden. Er zeige mir, seit der Zeit, als das Palladium der Aufklärung zum Schutze der Völker vom Himmel herab gestiegen, eine Nacht, die der entsetzlichen Bartholomäus = Nacht gleichet, wo Eumenide Chate-

ri=

rina von Medicis die Fackel der Religionswuth an der Hochzeitsfackel des Thronerben aufzündet, und ein König die Losung gibt, sein ganzes Reich mit Leichen seiner Unterthanen zu bedecken. Was sage ich? der Wütherich **Carl** flößt seinen zum Morden noch zagenden Höflingen wilde Entschlossenheit durch eigenes Beyspiel ein, und erneuert von dem Erker des Louvres einen Zug der Unmenschlichkeit in dem Leben des **Commodus** a),

über

a) **Lampridius** erzählet unter mehreren Unmenschlichkeiten des **Commodus**: Debiles pedibus, et eos, qui ambulare non possent, in gigantum modum formavit, ita, ut a genibus de pannis et linteis, quasi dracones dirigerentur, eosque sagittis confixit C. 9. Er gestaltete Menschen mit schwachen Füssen, oder welche sonst nicht gehen konnten, zur Riesengrösse, so, daß sie bey den aus Tuch oder Leinen gemachten Knieen, wie Drachen geleitet werden konnten, und erlegte sie dann mit Pfeilen. Man zweifelte an der Wahrheit einer Erzählung, die nicht wahrscheinlich ist. Mehrere Zeugnisse gleichzeitiger Schriftsteller stimmen mit Voltären überein, daß Carl IX. aus dem Louvre auf die Hugenoten geschossen, und verschiedene erlegt habe. Solche Züge von Unmenschlichkeit ertheilen sich wechselseitig eine traurige Glaubwürdigkeit.

E

über den man bis dahin die Glaubwürdigkeit der Geschichte in Zweifel zu ziehen, geneigt war. Wie so manche Schreckensscene der verflossenen Jahrhunderte, die sich noch meinem Gedächtnisse anbietet! der Kreuzzug des Vertilgers Montfort gegen die Albigenser, die Galgen und Schelterhaufen von Cabrieres und Merindol, die von dem wilden Geschreye der Mordenden, und dem Röcheln dem Weheklagen der Sterbenden, wiederhallenden Thäler von Piemont und Gebirge von Cevennes — das Mordbeil Cronwells über dem Haupte Karls, die Wuth und Verheerungen der Ligue, die Dolche der Clement und Ravaillac in den Herzen der Heinriche — Doch, wodurch hätte ich verschuldet, das schmerzliche Gefühl, das solche Vorstellungen nothwendig erregen, noch zu verlängern, weil Sabatier vergessen konnte, oder vergessen wollte, daß, ohne erst die Geschichte anderer Völker zur Hand zu nehmen, man einzig aus der Geschichte seines Vaterlandes nur zu häufige Gegenbilder zu der von ihm angeführten, an einer so grossen Anzahl schuldloser Priester und Bürger verübten Grausamkeit aufstellen kann —

Die dennoch darum, daß sie nicht ohne Beyspiel ist, weder von ihrer Abscheulichkeit
et-

etwas verlieret, noch eine Entschuldigung für die Nation findet, die von Neuem sich durch solche Gräuelthaten beflecket. Ueberhaupt vereiniget die Geschichte der französischen Revolution in dem Zeitraume von vier nicht ganz verflossenen Jahren mehrere und manigfaltigere Züge von erniebrigter, entweihter Menschheit, als kaum in allen Jahrbüchern von der ungebildetesten Barbarey aufzulesen seyn würden. Aber, welchen Schluß wäre Sabatier gegen die Aufklärung hieraus zu ziehen, berechtiget? Da die Franzosen nicht das einzige Volk in Europa sind, wo die Aufklärung sich verbreitet hat; aber das einzige, wo die sittlichen und politischen Unordnungen auf das höchste gestiegen sind — beynahe nicht mehr ein Volk, sondern ein wilder Haufe, ohne alles gemeinschaftliche Band, ohne Spur irgend einer Religion, ohne Achtung für irgend eine gesetzliche Gewalt, ohne Folgsamkeit gegen Gesetze, ohne wahrgenommene Absicht, jemals sich Gesetzen zu unterwerfen, und wieder zur Ordnung zurückzukehren, ohne Sitten, ohne Gesinnungen, ohne Gefühl, ohne Karakter, so verworfen in seinen eigenen, als verabscheuet in den Augen anderer Nationen, so ist daraus wenigstens offenbar, daß die Verbrechen ohne

Zahl

Zahl, deren dieser Haufe sich schuldig machet, die Unmenschlichkeiten ohne Beyspiel, an deren Wirklichkeit die Folgezeiten zur Ehre der Menschheit zu zweifeln, sich verpflichtet halten werden, daß die allgemeine Zügellosigkeit, welche endlich alle Verhältnisse, wodurch bürgerliche Gesellschaften zusammenhalten, auflösen, und den unvermeiblichen Untergang dieses einst so blühenden Staates herbeyfördern müssen, nicht in der Aufklärung ihren Grund haben.

Ich hätte nun die vielen von Abbe Sabatier aufgestellten Fragen beantwortet. Sabatier von seiner Seite beantworte mir nur die einzige: Ob er die Zuversicht habe, sich zu allem denjenigen zu bekennen, was unmittelbar aus den verwegenen Vordersätzen, die er hingeworfen hat, gefolgert werden kann — nothwendig daraus gefolgert werden muß?

„ Die Aufklärung, erkühnt er sich zu schreiben, würdiget die Seelen ab, entkräftet den Muth,
„ vermehret die Bedürfnisse, zieht die Menschen in
„ sich selbst zusammen, und vereinzelt sie von dem

„ ge-

„ gemeinen Wesen; sie verenget das Herz und er-
„ weitert das Gewissen, verkehrt die Sitten, wик-
„ ket die Natur hin, und erschweret die Anstren-
„ gung, welche die Tugend fordert. Mit einem
„ Worte, die Völker arten in dem Maße aus, als
„ sie aufgeklärter und gebildeter sind."

Der Eindruk von Widerwillen, den der Schluß dieser Periode zurückläßt, machet, daß ich mich an demselben zuerst fasse. Der Mensch artet aus, das ist: er entfernet sich von der Volkommenheit und seiner Bestimmung in dem Grade, als seine Vernunft berichtiget, als er mit Kenntnissen bereichert wird. Im Gegentheile also; der Bewohner des Feuerlandes, den die Natur bloß hingestellet zu haben scheint, um durch ihn die Kette der Schöpfung zwischen dem Menschen und dem Thiere zusammen zu hängen, der beynahe gefühllose Pesseräh a), ist

ein

---

a) Der Name Pesseräh ward den Bewohnern des Feuerlandes durch die Reisenden von dem einzigen Laute beygelegt, den diese Halbthiere von sich hören ließen; an denen sonst kein Merkmal einer Sprache, keine Spur einer Leidenschaft, keine Neugierde, kein Verlangen wahrzunehmen war: nur, als sie rohe Fische sahen, fielen sie darüber

ein vollkommeneres Wesen als Leibniß und Locke: der Kamtschatkaler, ein vollkommeneres Wesen als der Akademist von Petersburg: der in Wäldern einzeln herumschweifende Wilde überhaupt vollkommener, als der gesellschaftliche Mensch — Fahren wir fort, auf gleiche Art, die Folgen eines jeden einzelnen Satzes zu entwickeln.

Die Auffklärung würdiget die Seelen ab. Ist dieses, so sind die aufgeklärtesten Menschen die verworfensten: so sind die verworfensten Menschen die aufgeklärtesten: und nicht weniger; so mußten die erhabensten Seelen, so mußten diejenigen, welche zu allen Zeiten der Ruhm und Stolz der Menschheit waren, die unaufgeklärtesten; so mußten die in der tiefsten Unwissenheit versunkenen Menschen, die erhabensten Seelen seyn. Hiermit wäre also der grosse Aufschluß gegeben, weswegen Marc=Aurel, der weltweise, der tugendhafte Marc=Aurel, der beßte, und noch immer unübertroffene Regent — weswegen Commodus, das schrecklich-
ste

her, und verschlangen solche so gierig, als ausgehungerte Wölfe mit ihrem Raube thun können.

sie Ungeheuer auf dem Throne gewesen sind. Die Unwissenheit nämlich, hatte die Seele des Verfassers der Betrachtung über sich selbst a) zu allen Regenten - Tugenden erhoben: die Aufklärung hatte den Sohn Faustinens zu einem Scheusale hinab gestoßen, desgleichen die Welt zum zweytenmale, nicht wieder zu ertragen, fähig seyn würde. Jourdán, der schreckliche Jourdán hätte also seine Probe abgelegt, an der Spitze einer Akademie der Wissenschaften gestellt zu seyn, da er bey dem schauervollen Blutbade von Avignon den Reihen führte — Unglückliche, betrogene Menschheit, die du bis jetzt deine Dankbarkeit, deine Verehrung denjenigen weihtest, welche zu allen Zeiten auf so mannigfaltigen Wegen Licht über Nationen zu bringen, Fürsten und Unterthanen ihre wechselseitigen Pflichten theuer zu machen, die Nothwendigkeit, die Vortheile, den Reiz der Tugend; die Zerstörung, die Selbstbestrafung, die Häßlichkeit der Laster zu schildern; das Menschengeschlecht durch Mittheilung nützlicher Kenntnisse, durch Aufklärung glücklicher zu ma-

E 4

---

a) Das ist der Titel des schönen Werkchens, worin Marc-Aurel die Tugenden in Grundsätzen lehrte, die er in seinen Handlungen beständig ausübte.

machen, arbeiteten! Erkenne deine wahreren Wohlthäter in den Talapoinen und Santonen, die, von jeher im Einverständnisse mit Sultanen und Cadis, alle Künste des Betrugs mit dem Zwange der Eigenmacht vereinbarten, um die Binde der Unwissenheit über deinen Augen unauflöslich zu befestigen, und sorgfältig jeden Funken zu unterdrücken, der zu einem Lichte des Verstandes entglimmen, und die Gegenstände um sich her aufhellen konnte? Alles zu eurem Wohl ihr Völker; Menschheit zu deiner Veredlung! Wozu auch wäre die Aufhellung nütze? Es ist nicht gut, dem Landvolke Gelegenheit zu verschaffen, daß es lesen, und schreiben lerne: warnte vor Sabatier auch schon Chalotais a) Denn das Volk, sagt er, muß nicht über sein Elend hinaus sehen? Und ohne Zweifel, daß Elend die eigene Bestimmung des Volkes ist — Wozu wäre auch nothwendig, sich einer auf Ueberzeugung der damit verknüpften eigenen Wohlfahrt gegründeten Folgsamkeit der Bürger durch Belehrung zu versichern? Kann man die Widerstrebenden nicht an den Fesseln der Unwissenheit schleppen, mit

der

---

a) Plan d'éducation nationale.

der Geisel des Schreckens treiben, wohin man will? Das sicherste Mittel also, rechtschaffene Bürger zu haben, ist, den Bürger von allem ferne zu halten, was ihm über die Rechtschaffenheit Kenntniß und Unterricht zu geben fähig ist: und kein Schluß kann bündiger seyn, als dieser: Weil du die Pflichten der bürgerlichen und Privatverhältnisse auf das genaueste kennest, so wirst du keine derselben erfüllen, wirst du dieselben alle verletzen. Und im Gegentheile: kenne die Verbindlichkeiten des Bürgers, des Gatten, des Vaters, des Sohnes, des Freundes ganz nicht, oder verkenne sie — um der folgsamste Bürger, der beßte Gatte, Vater, Sohn, Freund zu seyn. Und was wäre in diesem Schlusse befremdend? Wenn Sätze Sätzen genähert werden, ist es nicht ungefähr eines und dasselbe, zu sagen: Die Aufklärung entkräftet den Muth, oder: die Unwissenheit stärkt ihn, und machet zum Helden — die Aufklärung vermehret die Bedürfnisse, oder: die Unwissenheit lehret weise Genügsamkeit — die Aufklärung vereinzelt von dem gemeinen Wesen, oder: die Unwissenheit wird dem Staate die eifrigen Patrioten geben, die Männer, die sich dem gemeinen Wohl opfern, die Bürger mit der festen Bestimmung, sich in allen Vorfällen an das gemeine Wesen anzuschliessen, mit demselben zu stehen, mit demselben zu fallen — Aufklärung verenget das Herz, und erweitert das Gewissen, oder: Unwissenheit erweitert die Herzen der Theilnehmung, Mitempfindung; Unwissenheit macht gefühlvoll, wohlthätig, in dem Glücke anderer glücklich; Unwissenheit machet redlich, uneigennützig, allen Pflichten getreu, verleiht die Zartheit des Gewissens, die sich Handlungen untersagt, wo gemeine Seelen zur Unterlassung keinen Beweggrund finden, die für Pflicht hält, nicht bloß, was sie leisten muß, sondern alles, was sie kann — Aufklärung verkehret die Sitten — oder: Unwissenheit reiniget und sänftiget sie — die Aufklärung erschweret die Anstrengung, welche die Tugend fordert: oder: Unwissenheit verleihet der Seele die Entschlossenheit gegen die Hindernisse, welche die Ausübung der Tugend beschwerlich machen, zu ringen, die Kraft, sie zu überwältigen? — Es ist wahr, daß nach solchen Voraussetzungen die Rollen in den grossen Begebenheiten der Geschichte ganz verschieden vertheilt seyn, daß der Fleischer Varro Hannibaln bey Zama überwinden, Scipio hingegen,

der

der seinen Aufenthalt in Sicilien zwischen den Rüstungen des Krieges, und den Hörsälen der Weltweisen theilte, Rom durch Unbesonnenheit bey Cannen in die äusserste Gefahr hätte stürzen sollen: daß dem Tribune Popilius Länas zugestanden wäre, sein Vaterland gegen die catilinarische Verschwörung zu schützen, dem Cicero aber, an dem Retter des Vaterlandes zum Undankbaren, zum Mörder zu werden. Es ist wahr, daß nach solchen Voraussetzungen Sokrates den Plato und Xenophon zu sittenlosen Bösewichten, daß die Schule des Zeno Epikteten zu einem wehescheuen Zärtlinge, die Catone zu üppigen Wollüstlingen hätte bilden müssen. Es ist nicht weniger wahr, daß, wenn die Tugenden mit der Aufklärung nicht bestehen können; sie ihres Werthes, ihrer Würde ganz entsetzet, Tugenden zu seyn, aufhören, und die Menschen nur nach thierischem Triebe zu handeln, verurtheilt seyn würden. Es ist daher ohne Einrede wahr, daß Vernunft und Geschichte dem Systeme Sabatiers: zur Erfüllung der Pflichten, zur Ausübung der Tugenden an der Hand der Unwissenheit zu leiten: widersprechen, wie Sabatiers System der Vernunft und Geschichte widerspricht.

Desto

Desto genauer aber kommt daſſelbe mit dem Plane und den Abſichten derjenigen überein, die ihrer Macht über hintergangene Völker nur unter der Begünſtigung einer verewigten Blindheit Beſtand zu geben, ſich verheiſſen dürfen. Würde der Araber die Vertraulichkeit des Propheten von Mecca mit dem Engel Gabriel, für den Beweis der Sendung angenommen haben, wenn ihm wäre vergönnet worden, zu unterſuchen, ob die Gottheit eine Taube zur Bothſchafterinn wähle, die aus dem Ohre des Kameeltreibers eine Erbſe pikt? Würde der Bewohner von Thibet über die Unſterblichkeit des Dalai nicht Bedenklichkeiten zu erheben, verſucht ſeyn, erlaubten ihm die Lamas ſein Nachdenken ſo weit zu treiben, daß ein Weſen, das genähret werden muß, nicht unſterblich ſeyn kann; und ein Weſen, das verdaut, genähret werden muß? Der Wallfahrter von Delphi mußte gebückt vor dem heiligen Dreyfuſſe liegen, um nicht gewahr zu werden, daß die Stimme, die ihm aus dem Abgrunde zu ſchallen ſchien, aus der Wanſthöhle des nächſt ſtehenden Bauchredners kam. Um bereit zu ſeyn, auf den kleinſten Wink des Despoten ſich ſogleich ſelbſt zu entleiben, muß der Siameſer, mit Entſagung

ſei-

seiner Vernunft, keinen Zweifel tragen, daß, so bald sein König jährlich den ausgetretenen Flüssen gebietet, in ihre Gestade zurück zu treten, sie seiner Stimme gehorchen. Der religiöse Betrüger, wie der politische, die Despoten der Seelen und Körper sagen also, wie Sabatier: Der Gebrauch des Verstandes, den die Aufklärung befördert, ist die Mutter des Ungehorsams, die Quelle der Unordnungen, das Unglück der Staaten und der Menschheit: und sie setzen, um diese Beschuldigung zu unterstützen, wie Sabatier, auf Rechnung der Aufklärung, was unwiderlegbar Folgen von dem Mangel derselben, unwiderlegbar Folgen der Unwissenheit sind. Oder, antwortet Sachwalter der Unwissenheit a) des Betruges — Auch wenn ich den trauernden Blick von den Schrecknissen der finsteren Jahrhunderte abwende, von denen ich oben nur einen zu flüchtigen Umriß machen konnte; wenn ich bloß die Ereignungen der letzten

---

a) Unwissenheit, Unfähigkeit, da sie sich selbst Gerechtigkeit leisten, sind zwar mit dem Betruge im Einverständnisse, aber nicht so sehr gegen die Aufklärung, als gegen den aufgeklärten Mann.

ten Jahre im Gesichte habe: war es die Aufklärung, welche die belgischen Kukufuten a) beseelte, gegen ihren Fürsten das Kreuz zu predigen? War es die Aufklärung, die eine verirrte Menge folgsam machte, gegen ihn unter der Anführung von aufgeschürzten Mönchen zu Feld zu ziehen? Waren die Söldlinge der Gewaltthaten eines Van der Noot und Van Eupen, die Kaponen, der aufgeklärtere Theil der Niederländer? b) Waren die Bewohner der pariser Vorstädte St. Antoine und St. Marcel, waren die Werkzeuge der Greuel vom 5. Oktober, vom 10. August; die Henker vom 2., die Würgknechte der Unduldsamkeit vom 3ten September, sind die zur Vollstreckung eines jeden befohlenen Verbrechens bereiten Gruppen, deren die unterdrückende Partey sich bedienet, ihre blutigen Anschläge

a) Peter der Einsiedler, der bekannte Paniertträger bey dem Kreuzzuge Gottfrieds v. Bouillon wird von einigen Schriftstellern auch Kukufuta genannt.

b) Ich werfe die Erinnerung in eine Anmerkung: daß der Kosak Bugatschef von keiner gelehrten Gesellschaft Mitglied, noch die Wallachen Horiah und Klotschka Mitarbeiter der Encyclopedie waren.

ge durchzusetzen, und die Herrschaft der Anarchie in Frankreich zu verewigen, durch die Aufklärung dazu vorbereitet worden? Nur ein tief unwissender Haufe, der, alles Nachdenkens unfähig, die Absichten derjenigen, von denen er den Anstoß empfängt, zu entwickeln nicht vermag, bietet Verräthern die Leichtigkeit an, ihn zu Gewaltthätigkeiten zu mißbrauchen, deren Folgen der Bürger von minder vernachlässigter Bildung erwogen, und von denselben zurück geschreckt, der Vollstreckung seinen Arm versagt haben würde. Nur unter dem Abschaume einer Nation, ohne alles Kenntniß, wie ohne alle Erwerbung, darf ein Brissot hoffen, dem Grundsatze der Kartousche und Mandrine: Daß das Eigenthum bloß von dem gesellschaftlichen Despotismus erfunden worden: Anhänger zu gewinnen. Nur bey einer wilden Menge, welche durch Unterricht und Aufklärung, einen Unterschied zwischen Tapferkeit und viehischer Wuth zu machen, nicht gelehret worden, können gedungene Journalisten Jourdäne und Santerre zu patriotischen Helden erheben: nur bey einem durch Unwissenheit verwilderten Pöbel darf ein Pethion, nach tausend Unmenschlichkeiten, vor deren Andenken, selbst die, welche

sie

sie begangen hatten, zurück bebten, die niederträchtige Schmeicheley wagen: Franzosen, ihr habt strenge gehandelt, aber mit Würde: nur bey einem rohen, und durch Wuth noch mehr geblendeten Haufen kann ein ehrsüchtiger Bösewicht erwarten, seinen Willen zu den größten Lasterthaten, zugleich aber auch die Feigheit, den mit der Vollstreckung verbundenen Gefahren in das Auge zu sehen, durch den lächerlichen Namen Gleichheit zu verkleiden, der ihm mit der Schande der kriechendsten Niederträchtigkeit stets das nagende Andenken seiner vereitelten, abscheulichen Plane und unzähliger zweckloser Verbrechen erneuern wird. Nur bey einem Volke, wo man, nach dem eigenen Geständnisse der Volksvertreter, im Jahre 1790 nicht Menschen, die lesen und schreiben konnten, genug fand, um die Munizipalitäten zu besetzen, konnte es der Zügellosigkeit gelingen, die Religion in der bürgerlichen Verfassung, als vollkommen überflüssig zu verrufen, und bey nahe jede Spur derselben zu vertilgen. Kurz, nur eine tief, tief gesunkene Nation, von der sorglosesten Unwissenheit über ihre wahre Lage, ohne Blick in die Zukunft, ohne Gefühl für gegenwärtiges Uebel, kann allgemeine Erniedrigung für gesellschaftliche Gleichheit verkennen, und von einer despotischen Wahlaristokratie, die sich durch Verwirrungen verewiget, und mit dem Eingeweide des zerfleischten Vaterlandes nähret, sich durch beynahe vier Jahre mit der Aussicht einer immer fliehenden Freyheit hinhalten lassen, das Joch der härtesten Sklaverey zu ertragen.

Ich komme daher wieder darauf zurück: Man ist so ungerecht, die Aufklärung zur Urheberinn der Unordnungen und Verheerungen zu machen, welche nur Mangel von Aufklärung, nur der Aufklärung unversöhnlichste Feindinn, die Unwissenheit herbeyführen kann: und überall, wo sie sich erhält, früher oder später, aber gewiß unausbleiblich, herbeyführen, befördern, erleichtern wird, weil ein Volk ohne Bildung, ein unwissendes Volk, weniger gegen die Künste der Verführung gewarnet, für den Anstoß jeder Neuerung, für jede Veränderung desto empfänglicher ist.

Auch nur allein unter dem Schatten der National-Unwissenheit werden die schädlichen Meinungen tiefe Wurzel schlagen, und in geilem Wachsthume sich empor heben können, denen eine gewisse Klasse von Menschen mit Wohlgefallen die Namen: Aufklärung, Philosophie beyleget, um dadurch die wahre Aufklärung, die wahre Philosophie, deren durchsehenden Blick ihre Absichten nicht vertragen, in Verdacht zu bringen. Sich; rufen sie dem von einem Sumpfscheine irre geleiteten Wanderer zu; wohin das Licht der Aufklärung dich geführet hat! Doch nein: Lehren, welche die Grundfeste der menschlichen Glückseligkeit untergraben, alle Bande der bürgerlichen Gesellschaft auflösen, alle Verhältnisse, ohne welche Sicherheit und Ordnung in Staaten nicht bestehen können, zerstöhren; Lehren, die der Natur ihren Urheber, der Menschheit die tröstendsten Aussichten, der öffentlichen Verwaltung das einzige Mittel, auf den, ausser dem Umfange ihrer Erreichung Handelnden, wenigstens einiger Maßen zu wirken, rauben, die dem Menschen, die Fähigkeit, mit Wahl tugendhaft zu handeln, entreissen, und ihn zur Maschine herabsetzen; solche Lehren sind nicht Philosophie, nicht Aufklärung; sind es so wenig, als der Aberglaube, wenn er gleich so oft sich der Tempel bemächtiget hat. Religion ist; so wenig, als der

Despo=

Despotismus in Purpur gekleidet, gesetzmässige Herrschaft; so wenig, als Trugschlüsse Wahrheit genennet werden können. Sie sind Verirrung des Verstandes, die gerade nur Aufklärung zu recht weisen, sie sind Mißbrauch der Kenntnisse, gegen welchen nur Aufklärung allein verwahren kann. Aber daraus, daß Aufklärung und Kenntnisse gemißbraucht werden können, folget nicht, daß Mißbrauch die Bestimmung der Aufklärung und Kenntnisse ist; daß sie also **nur gemißbraucht werden können, nothwendig gemißbraucht werden müssen, stets gemißbraucht worden sind;** — folget nicht, daß sie zum Besten der Menschheit, zur Ehre der Tugend nicht gebraucht werden können, nicht nach ihrem wahren Zwecke zur Vervollkommung des gesellschaftlichen Standes, zur Befestigung der bürgerlichen Ordnung, zur Vereblung des menschlichen Geschlechtes gebraucht worden sind. Und sollte die Möglichkeit des Mißbrauchs auch von dem nützlichen Gebrauche zurückhalten, abschrecken, was ist, wovon der Mißbrauch nicht gefährlich wäre? Wovon kann nicht Mißbrauch gemacht werden? Wovon ist nicht wirklich Mißbrauch gemacht worden?

Ich erlaube mir die eben angewendeten Vergleichungen zu wiederholen, da die Ehrwürdigkeit der Gegenstände die Kraft des Beweises erhöhet: von der Religion? ihre Altäre sind durch Menschenopfer entweihet worden: von der Fürsten=Gewalt? Nerone, Commodus und Bassiane sind der Welt zu Herren aufgedrungen worden. Schließt man daraus: der Menschheit müsse das Kenntniß der Gottheit vorenthalten, die bürgerliche Gesellschaft den Unordnungen der Anarchie Preis gegeben werden? Die Vernunft selbst, das größte Geschenk der Natur, das Unterscheidungs=Merkmal des Menschen von dem Thiere, darf diese uns gelassen werden, wenn uns nichts gelassen werden soll, wovon Mißbrauch gemacht, was durch Mißbrauch schädlich werden kann? Ich zweifle, ob diejenigen, welche so ganz ohne alle Zurückhaltung sprechen: Die Aufklärung ist zu verbannen: wenigstens nicht erröthen würden, eben so zuversichtlich zu sagen: Die Vernunft ist zu verbannen. Nun aber, haben sie denn nicht wahrgenommen, daß die Sache der Aufklärung von der Sache der Vernunft untrennbar — ich sage zu wenig, daß die Sache der Aufklärung und die Sache der Vernunft eine und eben

die=

durch Unterdrückung der Aufklärung — auch nur durch Hemmung ihrer Vorschritte — auch nur durch die kleinste Aeusserung von Abneigung gegen dieselbe ablegen, welchen Argwohn, welches Besorgniß und Mißtrauen sie gegen sich erwecken würden? Denn, wenn Omar die Büchersammlungen dazu verurtheilt, daß die Bäder von Alexandria damit geheizet werden sollen, so bleibt seinen Unterthanen kein Zweifel mehr übrig, daß er sie nur durch Alkoran und Schwert zu beherrschen, den Entschluß gefaßt hat.

Könnten Monarchen sich selbst der Ueberzeugung versagen, daß ein Fürst, auch mit der rastlosesten Thätigkeit, mit dem schärfsten Blicke, mit den unbeschränktesten Kenntnissen und Erfahrungen, dennoch nur die Kräfte, die Einsicht, die Kenntnisse und Erfahrungen eines Menschen haben; daß also zur Erfüllung der Verpflichtung, welche er mit dem übernommenen Zepter sich auferlegt haben muß, zur Verwirklichung des seinem Herzen ohne Zweifel theuren Wunsches, seine Unterthanen glücklich zu machen, ihm Männer von Einsicht, Kenntnissen und Rath, als Werkzeuge und Gehilfen unentbehrlich werden; und daß Männer dieser Art nur bey einer Nation, wo die Aufklärung sich auf alle Klaſſen verbreitet, in einer solchen Anzahl gefunden werden können, daß die Wahl in Besetzung der öffentlichen Aemter nicht beschränket, und dem Fürſten, noch unter den fähigen Bewerbern, die fähigſten zu erkieſen, die Freyheit vorbehalten bleibt? Daß, wenn Aufklärung und Kenntniſſe aus einem Reiche ganz verbannet ſind, Reishändler zum Vizirate erhoben werden; wenn die Kleriſey allein a) leſen, und ſchreiben kann, Könige ſich der Nothwendigkeit unterwerfen müſſen, nur Biſchöfe oder Aebte zu Kanzlern zu haben, und alle Layen, ſich von Mönchen Teſtamente ausfertigen, und Klöſter oder Kirchen zu Erben geben zu laſſen?

Könnten endlich Monarchen nur einen Augenblick unentſchieden ſeyn, zwiſchen der Unterwerfung die durch bloſſe Furcht erzwungen, dem Schmiegen eines gezähmten Bären zu den Füſſen ſeines Treibers

---

a) Jedermann weis, daß die ganze Politik des Klerus in dem ſogenannten Mittelalter darin beſtand, ausſchlieſſend Leſen und Schreiben zu können.

ders gleichet, und zwischen der ehrerbietigen Folgsamkeit, die aus dem Herzen fließt, und mit dem Beyfalle der Vernunft und dem Gefühle seiner Glückseligkeit begleitet ist? Und diese dem Herzen fühlender, gütiger, Oesterreichs Franzen gleicher Regenten so schmeichelhafte, diese unter allen Umständen sich erhaltende Folgsamkeit, wo und von wem dürfen sie solche erwarten? Waget es, zu widersprechen, ihr Gegner der Vernunft! Nirgend, nein nirgend, als von einem Volke, wo Aufklärung herrschet.

Aber nicht Aufklärung in der Mißbedeutung, welche Sabatier damit zu verbinden, sich erlaubet. Denn Aufklärung ist nicht Ueppigkeit des Verstandes, wie Sehen, nicht Ueppigkeit des Auges, sondern Bestimmung und Zweck desselben ist. Eine Nation kann ihre Homere und Pindare, kann ihre Archimedes, kann ihre Phidias und Appelles haben, kann in Louvren mit den Meisterwerken der Vitruve, in Gobelinteppichen mit dem Pinsel des Le Brün wetteifern, und Euripiden, Sophoklen und Menandern, ihre Corneille, Racine und Moliere entgegen stellen.

Der

Der Fortschritt in einigen Wissenschaften, der Geschmack an Künsten, gibt ihr den Anstrich von Bildung, das Aussenwerk von Artigkeit, und eines feineren Umganges: aber das alles ist nicht Aufklärung; ist manchmal wohl gar der Kunstgriff des Despotismus, die Aufklärung zu hindern. Wahre Aufklärung wirkt nicht auf die Oberfläche, sondern auf das Innere, nicht so sehr auf Witz und Lebensart, als auf Verstand und Sitten. Die Fortschreitung wahrer Aufklärung zeiget sich also bey einem Volke in dem vollen Kenntnisse, das alle Klassen von ihren Pflichten haben, und in der Ueberzeugung, daß von Erfüllung dieser Pflichten, das allgemeine und einzelne Beßte abhänget. Wo diese Aufklärung herrschet, indem jeder Stand kennet, wozu andere Stände ihm verpflichtet sind, kennet er zugleich nothwendig, was andere, von ihm zu fordern, berechtiget sind. Und da jedermann von der engsten Verbindung seines eigenen mit dem allgemeinen Beßten überzeugt, von dem Zepter bis zum Pfluge seine Pflicht erfüllet, so sind dadurch die Rechte aller Klassen, aller Stände unverbrüchlich bewahret, und öffentliche Ruhe und Ordnung

dieselbe Sache ist? Denn, die Aufklärung ist nur Vervollkommung der Vernunft, Vervollkommung des Vermögens, richtig zu urtheilen: welche dem Menschen doch gewiß von dem unendlichen, und weisen Schöpfer nicht ohne Zweck, nicht darum verliehen worden, um es ungebildet, und unbenützt zu lassen.

Keines von beyden: weder, daß dieses edle Vermögen, gegen den grossen Plan der Natur durch Unterbrückung unbrauchbar gemacht, noch, daß solches, nicht weniger gegen den Plan der Natur, anstatt eines der vorzüglichsten Werkzeuge zur Aufrechthaltung der Ordnung zu seyn, durch Zügellosigkeit zum Umsturze derselben gemißbraucht werde. Der Sorgfalt der Regierung kommt es zu, zwischen den zwey gleich gefährlichen Aussenenten mit weiser Hand die Richtungslinie auszuzeichnen. Aber ich würde Völkern, die von der Verwaltung eines Monarchen das Glück des gesellschaftlichen Lebens erwarten, mit Zuversicht sagen: Wie es Verläumdung ist, die traurigen Ereignungen, davon wir unglücklich genug sind, Zeitgenossen und Zeugen zu seyn, der Aufklärung aufzubürden; nicht weniger

F 3 ist

ist es Verläumdung, den Monarchen die Absicht und einen verabredeten Entwurf zur Unterdrückung der Aufklärung zuzuschreiben. Sie sind so unbankbar nicht gegen ihre Wohlthäterinn, gegen ihre Beschützerinn; sind ihrer Achtung, ihres Ruhmes, ihres eigenen, und des Wohls und Glückes ihrer Völker nicht so wenig eingedenk, um einen, auch wenn sie desselben fähig seyn könnten, durch den Zusammenfluß so vieler Ursachen, heute in der Ausführung unmöglichen Entwurf durchsetzen zu wollen.

Oder, könnten sie vergessen haben, jemals vergessen wollen, daß es die Aufklärung war, welche die Rechte der Krone gegen die Anmassungen der Thiara in Schutz genommen; welche die übermüthigen Ansprüche der Bonifazie und Gregorie in der Folgezeit erneuert zu werden, gehindert; welche die Treue der Völker, die ehemals von dem Winke des römischen Stuhles abhing, die Sicherheit der Throne, deren Grundpfeiler der Bannstral des neuen Kapitols zu erschüttern, fähig war, befestiget hat; daß die Aufklärung die Könige noch früher als die Völker gegen die Uebermacht und den Trotz der

gros=

groſſen Lehensträger vertreten; daß die Aufklärung die Dolche des Fanatismus von den Herzen der Fürſten abgewendet, da ehemals die Sorbone das Bild eines Clement zur Verehrung des Volkes aufzuſtellen, berathſchlagte? Könnten ſie verkennen, daß ſie, nach dem ehrenvollen Zeugniſſe, welches Kaiſer Friedrich den Wiſſenſchaften auf dem roncaliſchen Gefilden ertheilet, a) der Aufklärung überhaupt für die Ergebenheit der Unterthanen, für den allgemeinen Gehorſam verpflichtet ſind? Und nach allem dem, was die Aufklärung für ſie geleiſtet hat, um die Völker über dasjenige zu unterrichten, wozu ſie ihren Fürſten verbunden ſind; ſollten die Fürſten ſich die Ungerechtigkeit zu Schuld kommen laſ-

---

a) Dignum exiſtimamus, ut cum omnes beneficientes noſtram laudem et protectionem omnimode mereantur; quorum ſcientia totus illuminatur mundus, et *ad obediendum Deo, ac nobis ejus miniſtris vita ſubjectorum informatur &c. Authentica Habita.* Cod. Juſt. L. 4. Tit. 13. Da alle diejenigen, welche auf irgend eine Weiſe nützen, von Uns Lob und Schutz verdienen, um ſo billiger diejenigen, durch deren Wiſſenſchaft die Welt erleuchtet, und der Wandel der Unterthanen zum Gehorſame gegen Gott, und Uns, ſeine Werkzeuge angeleitet wird ꝛc.

laſſen, verhindern zu wollen, daß die Aufklärung ein Gleiches zum Beßten der Völker leiſte, und indem ſie dieſe nicht unwiſſend läßt, zu welchen Hoffnungen, zu welchen Erwartungen ihnen die Weisheit, Gerechtigkeit und Liebe ihrer Regenten Anſpruch gibt, auch mit der öffentlichen Verwaltung in unterrichtenden Werken über die Mittel zu Rath gehe, dieſe Erwartungen, dieſe Hoffnungen deſto zuverläſſiger zu erfüllen?

Könnten Monarchen fähig ſeyn, nicht zu fühlen, daß ihren Ruhm nichts mehr zu erhöhen, nichts die allgemeine Verehrung der Welt gegen ſie zu vergröſſern, nichts ein unbegränzteres Zutrauen gegen ſie einzuflöſſen, vermögend iſt, als wenn ſie die Aufklärung in allen Zweigen der Kenntniſſe zu befördern, zum wichtigſten Gegenſtande ihrer Vorſorge machen, und durch den ausgezeichneten Schutz, den ſie derſelben ertheilen, ihren Völkern die öffentliche, feyerliche Verbürgung geben, ſo zu herrſchen, daß ſie den beurtheilenden Blick und die freymüthige Wahrheitsliebe der Aufklärung niemals zu ſcheuen haben werden? Wie erniedrigend hingegen, und wie nicht weniger öffentlich das Geſtändniß wäre, welches Fürſten
durch

nnug durch Gerechtigkeit der Fürsten und Folg=
samkeit der Bürger wechselseitig in Sicherheit
gesetzt.

Zwar wird hier kein Cäsar, wie dort beym
Lucan, zu sagen, sich anmaßen: Das ganze
Menschen = Geschlecht ist für wenige Für=
sten erschaffen. a) Nicht werden hier die Se=
natoren, wie sie zu stimmen haben, erst den Au=
gen Tibers abspähen, und durch kriechende Mei=
nungen selbst dem Unterdrücker, dessen Eigenwillen
sie frohnen, den erniedrigend mitleidigen Ausruf
entlocken: O über die zur Knechtschaft ge=
schaffenen Seelen! b). Nicht wird hier das Heer
sich zur Unterjochung seiner Mitbürger gemiethet
halten; nicht zur Vollstreckung jedes befohlenen
Lasters bereit, wie die Legionen des Dictators
sprechen:

Der

---

a) Humanum paucis vivit genus — —
b) O homines ad servitutem natas! *Sueton: in Tiberius.*

Der iſt nicht Bürger mir, gen den mir, Cäſar, deine
Feldtrommete ſchallet — — a).

Und was niemand ohne Entſetzen leſen wird: b)

„ Gebeutſt du in des Bruders, in des Vaters
Bruſt
„ Das Schwert zu ſenken, oder in den Frucht-
erfüllten Leib
„ Der Gattinn, widerſtrebend zwar, doch alles
wird
„ Mein Arm vollziehn — —

Nicht wird, ſobald Caligulas Majeſtät den
allerhöchſten Wunſch äuſſern: dem römiſchen
Volke mit einem Streiche den Kopf abſchla-
gen zu können: nicht wird das Volk ſeinen Nacken dem Streiche allerunterthänigſt entgegen ſtre-
cken.

---

a) Nec civis meus est, in quem tua classica, Caesar
Audiero — — — — —
Lucanus.

b) Pectore si fratris gladium, juguloque parentis
Condere me jubeas, plenæque in viscera partu
Conjugis, invita, peragam tamen omnia dextra.
Lucanus.

ken. Desto glücklicher, sagen Völker, für unser Wohl: desto glücklicher, sagen Regenten, für die Sicherheit, für den Ruhm der Throne: desto glücklicher sprechen beyde, für die Ehre und Wohlfahrt der Menschheit! Und hätte irgendwo Fürsten- oder Minister-Despotismus solche Wirkungen der Aufklärung zu scheuen, so bewiese eben dieses die Vortheile und Nothwendigkeit derselben kräftiger, als hundert gekrönte Abhandlungen thun könnten.

Jedoch, wo die Aufklärung der öffentlichen Verwaltung nicht hinter der Einsicht seines Zeitalters zurück bleibt, da entehren Eigenmacht und Willkühr keinen Thron; da sind Minister nur das, was sie eigentlich seyn sollen, an der Spitze, nicht die Herren der Angelegenheiten, die folgsamen Werkzeuge zur Ausführung beglückender Entwürfe: da nimmt alles von selbst seinen zukommenden Platz ein; Unfähigkeit sinkt nach ihrer natürlichen Schwere zu Boden: Fähigkeit und Verdienst heben sich empor: da besorget der Bürger keine Unterdrückung irgend einer Art von der Regierung. — da besorget also auch
die

die Regierung von der Aufklärung der Bürger nichts, sondern spricht in dem Bewußtseyn ihrer Weisheit und Gerechtigkeit: Sie sollen aufgeklärt seyn, um den Wohlstand dankbar zu erkennen, den sie zu geniessen, versichert sind.